武汉有个户部巷

Wuhan You Ge Hubuxiang

许保华　张虹／著

武汉出版社
WUHAN PUBLISHING HOUSE

(鄂)新登字08号
图书在版编目(CIP)数据
武汉有个户部巷/许保华,张虹著. 一武汉:武汉出版社,2015.5
ISBN 978-7-5430-8991-4
Ⅰ.①武…　Ⅱ.①许…　②张…　Ⅲ.①城市道路-介绍-武汉市
Ⅳ.①K926.31
中国版本图书馆CIP数据核字(2015)第042684号

著　　者:许保华　张　虹
责任编辑:李　俊
装帧设计:刘　勍
出　版:武汉出版社
社　址:武汉市江汉区新华路490号　　邮　编:430015
电　话:(027)85606403　85600625
http://www.whcbs.com　　E-mail:zbs@whcbs.com
印　刷:武汉市福成启铭彩色印刷包装有限公司　　经　销:新华书店
开　本:787mm×1092mm　1/16
印　张:12　　字　数:260千字
版　次:2015年5月第1版　　2015年5月第1次印刷
定　价:29.80元

目录

CONTENTS

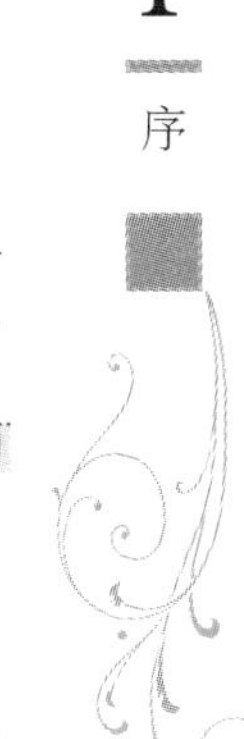

序

XU

武汉是白云黄鹤的故乡，辛亥首义的圣地；这里不仅经济发达、科教先进、高校云集、风景优美，而且还较好地发扬和传承了汉味小吃这一民俗文化。位于黄鹤楼下的百年官巷——户部巷，经过武昌区委、区政府的多次倾力打造，如今已经成为蜚声荆楚，名扬九州的汉味早点第一巷。

户部巷为明清古巷，因毗邻隶属户部的藩台衙门而得名。应该说，这条古朴的小巷自从诞生以来，就有着非同寻常的传奇色彩。明清两朝，武昌府和藩台衙门的设立，使这条小巷变得无比贵气而神奇。时光荏苒，岁月悠悠，不知有多少达官显贵的车马走过这条幽深的小巷。直到20世纪70年代，有了石婆婆热干面，这里才迈开“汉味小吃”的第一步。到了20世纪90年代初，随着徐嫂等一批下岗工人在这里立足，户部巷更是成了汉味早点的天堂。但那时这里的早点摊档参差不齐，招牌五花八门，垃圾随处可见，窄窄的街道被挤占得无法通行。直到2003年，在武昌区委、区政府的倾力打造下，一个全新的“汉味早点第一巷”便横空出世。开街后，户部巷不仅保留了一批有着汉味特色的早点品牌，而且还引进了像“蔡林记”、“四季美”、“老谦记豆丝”等一批百年老字号的汉味品牌。

目前，焕然一新的户部巷已由原来长147米、宽3米的古朴小巷，发展成为今天由户部巷老巷、自由路、民主路西段和都府堤南段组成，集小吃、购物、休闲、娱乐为一体的年接待游客1000万人次以上的汉味特色风情街区；各类经营门点340余间，其中从事小吃经营的有160余户，经营品种达170多种。如今，这里不仅是汉味小吃的代名词，也是登名楼、逛名街、品名吃、观名景的另一番新天地。

当前，武汉早点小吃市场的需求很大，而武汉现成的小吃品种多达200余种，数量之多，全国闻名。但令人担忧的是，武汉小吃店的规模普遍偏小，经营分散，抗风险能力小，传统小吃整体质量下降，口味走样，老品牌小吃被低技术克隆等。这些不良因素，将严重影响武汉传统小吃的发展和壮大。而户部巷独具特色的发展模式，却带动了一项产业、复兴了一种文化、刷新了一种观念。这种模式给我们带来非常有益的启示，值得各行各业借鉴和学习。

《武汉有个户部巷》以饱满的热情和生动的笔墨，带领我们走进了户部巷这条幽深而又神奇的小巷，如实地描绘了这条小巷的前世、今生和未来，为我们展现了一幅充满浓浓汉味气息和醇厚地域文化的美丽画卷。全书文字优美、笔触细腻，读起来令人浮想联翩、心情愉悦。《武汉有个户部巷》既是一部介绍武汉的历史和文化的厚重作品，又是一张推介江城武汉走出全国、走向世界的烫金名片。这部作品的问世，必将为提高江城武汉在国内外的知名度和美誉度起到积极的作用。

（武汉市社科院原副院长、文史专家）

第一章

烟雨苍茫百年巷

户部巷的来历

素有“九曲回肠”之称的长江，从青藏高原涓涓流出，走千峡、纳万川，汇集成波涛滚滚的甘甜乳汁，浇灌着美丽的神州大地，哺育了华夏的英雄儿女。她从四川宜宾激情起步，一路高歌，豪放不羁地奔向浩瀚的太平洋。

她的中下游江面辽阔、水流平缓，与支流汉水汇合后，将华中地区最大的都市——武汉，一分为三，形成了武昌、汉口、汉阳三镇鼎立的格局。

如果说江城武汉是华中地区一颗璀璨的明珠，那么位于长江南岸的武昌就是这颗明珠中的发光元素。已经拥有一千多年历史的武昌是白云黄鹤的故乡，辛亥首义的圣地。这里不仅历史悠久、文化繁荣，而且山清水秀、环境幽雅。33 平方公里的东湖以及沙湖、紫阳湖等城中湖泊，宛如碧玉；蛇山、洪山、珞珈山玲珑秀美，别具韵味；黄鹤楼、长春观、宝通寺、首义园等众多历史遗存，令人流连忘返。

游完位于武昌蛇山上的黄鹤楼，沿着长江大桥的阶梯信步而下，仅几分钟的路程，就到了蜚声荆楚、名扬海内外的“汉味早点第一巷”——户部巷。

户部巷就是武昌古街区遗址中的一条小巷，历史相当悠久，在明朝嘉靖年间的《湖广图经志》里有一幅地图，上面清楚地标注着这条长 147 米、宽 3 米的小巷，由此看来，这条小巷约有 500 年的历史了。

公元 1367 年，起义军进行了推翻元朝封建王朝的武装斗争，并取得了阶段性的胜利。第二年，朱元璋扫平元的残余势力后，于南京称帝。

朱元璋做了皇帝后，便在朝廷和全国各大地区设立中书省。中书省实际上就是最高的行政机关，其长官一般由丞相担任。在执政期间，朱元璋先后任命过四位丞相来辅佐自己，其中胡惟庸在中书省主政的时间最长，职权也最重。

一天，胡惟庸的儿子坐车出去游玩，途中，由于车夫一时大意，导致小公子不慎摔伤。于是，这位骄横跋扈的宰相便滥用职权，在没有通知司法部门的情况下，杀了车夫。此事激起了众多官员的公愤，一致要求严惩胡犯。

为此，朱元璋趁机除掉了这个专权营私、骄横跋扈的宰相，并废除了中书省，在全国重新设置了 13 个承宣布政使司。湖广（包括今湖北省）承宣布政使司就是新增的一个行政机关，地址就在汉阳门内（今户部巷风情街）。同年，又在武昌设立武昌府署（署址就在今武昌区民主路小学），辖江夏等一州九县。

明代的武昌府署规模宏大，衙门朝南开，三面是高高的萧墙。东面的萧墙与对面的布政使司形成了一道窄窄的夹巷，这道夹巷就是最早的户部巷。

虽然那时这个地方还不叫户部巷，但至少已经成为了一条名副其实的官巷。时光荏苒，岁月悠悠，不知有多少达官显贵的车马走过这条幽深的小巷。

顺治年间，清政府改布政使司为藩署（藩台衙门），主管一省的民政和财政。清代武昌的藩署是在明代布政使司的基础上进行改建的：正门依旧朝南开，西面对着武昌府署的就是该衙门管理户籍钱粮、民事财政的两个厅——藩库厅和藩经厅。

“户部”是我国古代官署名，相当于现在的财政部。这一机构，在三国时称度支尚书，掌管财政。从唐代起，才改称“户部”，其长官为户部尚书。明清时期，户部掌管全国疆土、田地、户籍、赋税、俸饷及一切财政事宜。

其实，“户部”这一机构只有在京城才有，而藩台衙门只是京城户部的一个下设机构，完全没有资格称“户部”。但是，为了显示尊贵，藩台衙门西面的那条窄窄的小巷还是被命名为“户部巷”。

康熙六年（公元1667年），湖广布政司被分为湖北布政司和湖南布政司。清代的湖北布政使从首任刘显贵到最后一任连甲，一共有一百二十五位在武昌藩署历任。

咸丰五年（公元1855年）二月，武昌藩署来了一位新上任的布政使——胡林翼。

胡林翼，字贶生，号润芝，湖南益阳县泉交河人。道光十六年（公元1836年）进士，第一次鸦片战争时充会试同考官、江南乡试副考官，后捐升知府。1846年以知府分发贵州，历任安顺、镇远、思南知府。1854年，提升为贵东道员，奉调带勇赴湖北、湖南抗击太平军。

自从“太平天国运动”爆发以来，起义军一路逆长江而上，先后攻取安庆、九江、武汉等地。1855年1月，胡林翼随曾国藩率湘军进攻江西九江、湖口，结果大败。随后，胡林翼被任命为湖北布政使，带所部回援武汉。

这时，太平军已占领汉口、汉阳，而胡林翼却以孤军驻扎武昌，既无外援，又无军饷。

一天，胡林翼正在藩署内忧心忡忡，突然得报，朝廷的钦差大臣钱宝青到了。起初，他以为是朝廷派来了外援，谁知钦差大人一到，便直言不讳地说：“胡大人，皇宫中有人告你在武昌驻兵时，以朝廷的名义强征兵丁、盘剥百姓，使得这里民不聊生，故皇上特派微臣前来查实！”钱宝青狡黠地笑了笑，说：“当然，如果胡大人肯舍些银子，这奏章完全可以根据你的意图来草拟。”

胡林翼一听，气得脸色铁青。他满脸怒容地说："此乃恶意诽谤……自从驻兵武昌以来，下官就地筹集军饷，没有乱花朝廷的一两银子，现在居然还有人诬告，说下官以朝廷的名义强征兵丁、盘剥百姓，简直是无法无天！"

钱宝青微微一笑，说："诬蔑也好，清白也罢，总之胡大人只要使些银子，此事便可逢凶化吉！"

"办不到！"

碰了一鼻子灰的钱宝青闷闷不乐地回到馆舍。他没有想到胡林翼会这么"不识好歹"，竟然连钦差大臣的面子都不给，既然如此，那就干脆一不做、二不休……于是，他连夜起草奏章，称胡林翼在武昌驻兵期间居心不良，有谋反之意……

第二天，胡林翼的仆人来请钱宝青用膳时，发现这位临时任命的钦差大臣已被人杀死于馆舍之中。

当胡林翼看到钱宝青已经写好的那纸奏章时，顿时感到心惊胆战——这纸奏章一旦送到皇上手中，他家定会满门抄斩。然而，幸运的是，苍天有眼，这个冤家居然被人杀死。虽然不知道是谁救了自己，但他还是在心里默默感激这位无名"义士"。

后来，湖北巡抚多次派人追查"凶犯"，一直没有结果，加上这时战争频频，就这样，朝廷的钦差大臣被杀一案便不了了之了。

应该说，藩署和武昌府署的设立使户部巷这条小巷变得无比贵气，而岁月的变迁和时代的发展又使这条小巷变得如此不凡。

1911 年 10 月 10 日傍晚，天低云暗、秋风四起，武昌城在夜色中显得无比沉寂。

这时，楚望山附近的湖北新军工程营驻地内忽然变得嘈杂起来，工程营左队的年轻士兵们满怀愤怒地走出营房，开始了他们的聚集——商议起义时占领楚望台军械库的任务。

连日来，武昌城笼罩在一片白色恐怖之中。清廷鹰犬们疯狂地搜捕年轻的民主革命者，同盟会的许多领袖人物被迫逃亡。而彭楚藩、刘复基、杨洪胜等多位革命志士也被残酷杀害。现在，是在等待中灭亡还是在反抗中生存？群龙无首的新军士兵们面临着最后的抉择。

傍晚七时许，陆军第八营后队二排哨长陶启胜带着护兵到各棚去查房。秋夜的武昌城在昏暗的月色中一片朦胧，八营所有的营棚内寂然无声，士兵们似乎都早已进入了梦乡。

这极其反常的现象让陶启胜感到了一丝不祥，他快步走进了五棚。

五棚棚内昏暗的油灯下，正目金兆龙正抱着枪仰卧在床上。陶启胜走过去大声吼道："干什么，想造反？"

"造反就造反！"金兆龙迅速从床上跃了起来，瞪着眼睛说。

"啪！"金兆龙的脸上遭到了重重的一记耳光。

怒火一下子填满了金兆龙的胸腔，他飞快张开仇恨的双臂，不顾一切地朝陶启胜扑去……

正当金兆龙和陶启胜扭作一团时，突然从棚外跑进来一个手持枪械的高个子士兵。该士兵仔细看了看地上的两个人后，迅速举起了手中的枪……

"啪！"随着一声清脆的枪声，陶启胜松开了抱缚的双手，躺在了血泊之中。这时，正当陶启胜的护兵准备掏枪时，高个子士兵马上调转枪口，以迅雷不及掩耳之势击毙了护兵。

枪声引来了第八营前队的大队人马，队官黄坤荣、司务长张文涛、八营代理官阮荣发先后赶来弹压。顷刻间，五棚的营房之外，枪声大作，乱作一团。

第八营正目熊秉坤听到枪声后，情知有变，便立即鸣笛集合，正式宣布起义。

年轻的士兵们听到笛声后，呼啦啦地冲出营地，向楚望山的军械库奔去。可是，他们没走多远，便遇到了督衙的马队。一时间双方剑拔弩张，情势十分紧急，眼看就要交火。这时，站在队伍最前列的熊秉坤一声高喊:“驱除鞑虏,恢复中华,如果要革命,快与我辈同去!”

马队的士兵们犹豫了。不一会儿，队伍中有人说：“兄弟们，革命吧！”于是，马队的士兵马上掉转枪口，与工程营的士兵们分兵三路，分别向蛇山、凤凰山和楚望山冲锋。

革命军以最快的速度架起大炮向总督府轰击。当震耳欲聋的炮声响起时，正在府内召开会议商议如何对付革命党的湖广总督瑞澂顿时吓得魂飞魄散。他急忙中断会议，命人打穿后花园的围墙，带着家眷，钻出墙洞向江边逃去了……

10 月 11 日天明，湖北布政使衙门——藩署也被攻克了。当藩署的最后一任布政使连甲仓皇逃走后，革命军打开藩库厅的库门，发现里面仍然储备着充足的钱粮——这些物资为革命军以后的战斗生涯提供了坚实的财政基础。

这就是著名的辛亥首义。革命军在武昌打响的首次战斗，推翻了清王朝的专制统治，结束了中国两千多年的封建君主专制制度。而藩署的攻克，也预示着这座在户部巷存在了几百年的朝廷机构，从此将变得不再威严、不再神秘。

纺织大王与徐宅

辛亥首义胜利后，藩署曾一度成为革命军的办公地点，武昌府署则被改成了一所省立中学。后来，革命军在南京成立政府后，藩署内便开始住进了平民百姓。

自此，这条古老的小巷就变得更为神秘了——在那动荡不安的年代里，一场由“纺织大王”徐荣廷等人组织的“正义行动”在它的身边秘密发起。

1919 年 5 月 23 日夜晚，坐落在汉阳门正街（今民主路 6 号，户部巷风情街）的一座旧公馆内灯火通明，宽大的会客厅里坐着几位特殊的客人——他们就是武昌造币厂和机件修理厂的工人代表。

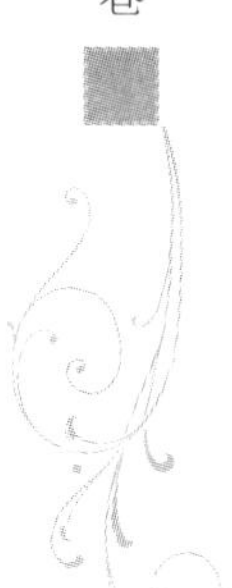

灯光下，坐在首席的武昌总商会会长徐荣廷看了看在座的各位代表，无比愤慨地说："诸位，1915年1月18日，日本趁第一次世界大战期间欧美各国无暇东顾之机，秘密向袁世凯政府提出了企图灭亡中国的二十一条要求。"徐荣廷的眉宇间闪烁着正义的光芒："如果'二十一条'实行，中国就要沦为日本的附属国，中国的主权将会丧失殆尽。"

"对，这一事件发生后，全国人民都无比愤慨，上海商界首先集会讨论抵制日货之事。没过几天，广东、无锡、松江、福州、安徽、烟台、营口、济南、长春、厦门、芜湖、大通等地的商会及其他工商团体，就先后掀起了抵制日货的运动。"一个工人代表马上接过话题说。

"全国上下都在振作奋发，唯有武汉无动于衷，如果我们还不行动起来，亡国就在眼前！"另一位工人代表大声说。

"救国储金，是我们每一个中国人应尽的责任。"停了一下，徐荣廷接着说："下面我们来共同商讨一下明天集会的具体方案！"

直到半夜，旧公馆会客厅内的灯光依然没有熄灭，所有的与会人员都在为明天的集会出谋划策。

第二天，武昌造币厂工人及机件修理工人按原计划在阅马场集会，决议：一律禁止修理日货，使日货"毁于无形"。

上午，工人们开始游行示威。由造币厂全体工人和部分商界代表组成的游行队伍从阅马场出发，浩浩荡荡向北走去。一路上，他们高唱着救国储金歌："救国储金，国民责任应当尽。吾爱吾国，吾尽吾心……设兵工厂，练海陆军，百业振兴。凭此实力，御外侮，谁敢侵。”以此动员社会各界加入救国储金的行动。

可惜天公不作美，队伍还没走多远，天上便下起了雨，而且雨势愈来愈大。这时的游行队伍中一个逃兵都没有，为了表示决心，大家都没有撑伞，全体冒雨前进。每行至一洋货店前，这支队伍便大呼口号：“莫买日货！”

扛着大旗，走在队伍最前列的是一位头发皆白、年过六旬的老者——他就是武昌总商会会长徐荣廷。

中午时分，位于户部巷口的省立中学的学生正在午休。当游行队伍经汉阳门正街从学校大门前走过时，全校师生都聚集在校门口大声叫好。

“那个扛大旗的老者是谁呀？”有学生问。

“这个人你都不认识，他是大名鼎鼎的徐荣廷。听说这个人挺有正义感，1911 年，他曾向工商界募捐 10 万两白银赞助辛亥革命，后来还公然反对袁世凯与日本签订出卖国家主权的‘二十一条’！”有学生回答。

以后的日子里，在徐荣廷的组织下，工人们又进行了几次规模较大的游行示威，并取得了一定的效果。半年后，武汉的日货进口减少了 40%。

这几次的游行示威不仅让日本经济受到了损失、维护了民族的尊严，而且表达了徐荣廷的一种决心。

徐荣廷出生在一个以打鱼为生的家庭。很小的时候，他经常跟随父亲打鱼。长大后，经人介绍，他又进入汉口德厚荣商号跑街。德厚荣商号是四川商人刘象羲在汉口开设的一家商行，主要经营百货、棉纱、匹头、桐油、药材、猪鬃、牛皮等。两年后，徐荣廷以自己灵活的头脑和较强的办事能力晋升为管事，并被商行派驻湖南长沙设庄收购货物。

徐荣廷在驻长沙期间结识了自己的同乡黎元洪，并与其结为金兰之交。几年后，徐荣廷又调回汉口任德厚荣商号副总管。

辛亥首义后，黎元洪被推举为湖北军政府都督。当了长官的黎元洪没有忘记自己的拜把兄弟徐荣廷，不久就委任他为湖北官钱局总办并聘为都督府咨议。

在黎元洪的支持下，徐荣廷邀汉口巨商刘伟、蒋沛霖、毛树堂、刘歆生、周星棠、欧阳惠昌等人筹银78万两组成楚兴公司，取得了官办纱、布、丝、麻四局的承租权，租期为10年，刘象羲为董事长，徐荣廷任总经理。

楚兴公司成立后不久，恰逢第一次世界大战。国外纱布来源断绝，而国内棉花的出口又一度减少。这时，楚兴公司的产品便在国内市场上迅速畅销，仅仅十年的时间，他们就获得利银1400余万两。

徐荣廷获利后，首先抽出白银210万两在石家庄兴办大兴纱厂。随后，又与原楚兴公司股东张松樵、苏汰余等筹银156万两，在武昌办起了裕华纱厂。徐荣廷任董事长，张松樵任经理。

抗战期间，裕华纱厂内迁，并发展了西安大华、大兴二厂、广元大华、成都裕华和重庆裕华等厂，形成了裕大华大集团。这时，徐荣廷因占有裕大华集团资金总额的10%左右，而成为一代“纺织大王”。

1926年，徐荣廷拆除了位于汉阳门正街的那座旧公馆，在原地上又建起了一座西式二层砖混结构的公馆。这座新公馆整个建筑面积为1380平方米，北部为主入口，南部为花园及后门。

如今，“徐荣廷公馆”已被改建成了一家独具台湾风情的餐馆——“一桥江水人家”餐馆。从长江边户部巷入口处进入这家典雅的餐厅，吃出的不仅是一种淡淡的台湾风情，更是一种历史的沉淀。

峥嵘岁月里的红色街区

今天的户部巷已由原来长 147 米、宽 3 米的古朴小巷，发展成为了目前由户部巷老巷、自由路、民主路西段和都府堤南段组成，集小吃、购物、休闲、娱乐为一体的年接待游客 1000 万人次的汉味特色风情街区。每逢节假日，全国各地的游客都会慕名而来，游览这里历史悠久的名胜古迹，品尝这里独一无二的汉味小吃。

在户部巷品过美味后，再到北面的都府堤“红色景区”去看一看，怀想伟人革命的历程，追寻先烈红色的足迹，让松弛的心灵得到一次有益的充实。

“都府堤”因东有都察院御使府、南有位于户部巷的藩署（藩台衙门）和武昌府署而得名。如今，这里已经成为著名的“红色旅游”景区，在短短五百米的小街上集中坐落着“中共五大会址”、“毛泽东同志旧居”和“中央农民运动讲习所”三座革命旧址。这里与汉味早点第一巷“户部巷”形成了武汉最“红”、最“火”的旅游特色街区。

步入都府堤“红色旅游”旧址，里面陈列着的一张张珍贵的历史照片和一件件古朴的实物，将人的思绪带进那已经远去的峥嵘岁月。

1926 年 12 月，在离户部巷不远的都府堤 41 号的一座晚清民居里，住进了一个魁伟英武的青年，他就是中共中央农民运动委员会书记毛泽东。

几天前，毛泽东专程从上海到武汉来设立中央农委办事处，并同国民党湖北省党部筹备商量办农讲所的事宜。1924 年 1 月，第一次国共合作的实现，不仅促进了工人运动的高涨，也推动了农民运动的开展。为培养农运干部，在中国共产党的倡议下，从 1924 年 7 月到 1926 年 10 月，广东革命政权在广州先后举办了六届农民运动讲习所。一个月前，毛泽东离开广州到上海就任中共中央农民运动委员会书记。在他的倡议下，中共中央农委决定在武昌开办“农民运动讲习所”。

这时，随着北伐战争的节节胜利，湘、鄂、赣三省出现了农村大革命的高潮，特别是湖南更是成为全国农民运动的中心。在湖南，凡有农协的地方，农民们都对土豪劣绅和不法地主展开了减租、减息的斗争。暴风骤雨般的农民运动让那些同地主豪绅有着千丝万缕联系的国民党右派军官和一部分北伐军官们坐不住了，他们诽谤农民运动破坏了“社会秩序”，是“痞子运动”，应该加以限制，以防止遭人利用。

关于农民运动的争论很快反映到了党内，为此，组织上决定召开一次特别会议，商讨下一步农民运动的问题。毛泽东以中央农委书记的身份参加了这次会议。会上，陈独秀批评了湖南工农运动过于“火爆”，如果继续发展下去必然会分裂联合战线，从而危及整个国民革命运动。根据这个分析，会议决定：限制工农运动发展，反对“耕地农有”，以保持国共之间的合作关系。

但中共中央委员、湖南区委书记李维汉却提出，根据湖南农民运动的发展趋势，应当解决农民的土地问题，与会的毛泽东也非常赞同湖南区委的主张，可陈独秀和鲍廷却以条件尚不成熟为由提出反对。最后，会议还是接受了陈独秀的意见。

早在特别会议之前，毛泽东就敏锐而深刻地观察到了中国革命的两个基本问题：土地问题和武装问题，但此时，他的思考还没有形成完整的体系，所以对陈独秀的观点一时还拿不出充足的反对理由。而这次会议却更加坚定了他要实地考察农民运动的决心。

代表大会结束后，毛泽东便以国民党中央候补执行委员的身份下乡考察农民运动。出发前，国民党湖南省党部召开常务会议，决定派省党部监察委员戴述人陪同，并将巡视的重要意义通告各县党部，要求各部协助做好考察工作。

1927 年 1 月 4 日，在戴述人等陪同下，身穿蓝布长衫，脚穿草鞋，手拿雨伞的毛泽东前往湘潭、湘乡、衡山、醴陵、长沙五县进行实地考察。每到一地，他都要召集有经验的农民和农运工作同志召开调查会，仔细听取他们的报告，获得第一手材料。

2 月 5 日，毛泽东带着收集好的材料回到了长沙望麓园，交给杨开慧整理，以备撰写《湖南农民运动考察报告》。这时的杨开慧虽然怀孕在身，但还是按照毛泽东的要求将材料进行了初步整理。

在长沙望麓园小住几日后，2 月 12 日，毛泽东返回武汉。不久，杨开慧也携毛岸英、毛岸青一起来到了武汉，一家人住进了都府堤 41 号。

在都府堤居住期间，由于毛泽东要忙于农讲所的筹办，没时间对调查材料进行进一步整理，于是，杨开慧便主动承担起了整理材料的工作。她不顾已经临近分娩的身体，整天伏在桌案上，认真地对农运调查材料进行分类、选择、综合……

随着材料的进一步完善，毛泽东便开始起草《湖南农民运动考察报告》。经过夫妻二人的不懈努力，2 月 20 日，这篇两万余字的光辉著作终于完成了。

3 月 7 日，经毛泽东亲手筹办的“国民党中央农民运动讲习所”开始正式上课。农讲所就在离户部巷不远的武昌红巷 13 号，这里原是清末湖广总督张之洞举办的北路学堂,后改为湖北省甲种商业学校。该校占地面积为 11000 平方米，建筑面积为 6350 平方米。

武昌农讲所聚集了来自全国 17 个省区的 800 余名学员。恽代英、瞿秋白、彭湃、方志敏、李汉俊、李达等分别讲授主要课程。毛泽东亲自担任《农民问题》和《农村教育》等主要课程的教学。

一天，身穿长衫的毛泽东在农讲所的大教室里讲解他的著作《湖南农民运动考察报告》。当讲述到在湖南农村的所见所闻时，他用非常浓重的湖南口音说:“在湖南农村，有一个小劣绅想进农民协会，就对协会的负责人说:‘我出十块钱，请你们准我进农民协会！’……协会负责人正义凛然地说:‘谁要你的臭钱！’……从这种变化中可以看出，以前拜倒在绅士权力下面的人，现在却拜倒在了农民的权力之下……”

这时，不仅教室内坐满了学员，就连教室外也挤满了人。前来听课的除了附近的农民外，还有住在户部巷藩署中的一部分工人。听了毛泽东的讲解，大家不但明白了许多革命道理，而且更加坚定了革命的信念。报告结束后，整个农讲所群情振奋，“农民运动好得很”的欢呼声不绝于耳。

就在武昌农讲所开学的前几天，中共湖南区委机关报《战士》周刊首先刊登了《湖南农民运动考察报告》的部分章节。接着，中共中央机关刊物《向导》又刊出一部分内容后，便被停发了。不久，中共中央临时委员会在武汉组成，兼管中央宣传部工作的瞿秋白读了毛泽东的报告后，对其中的观点表示由衷的钦佩和赞赏。

瞿秋白得知这份报告被停发后，感到非常气愤。他亲自找到中央宣传部，要求继续刊登，结果遭到拒绝。为此，瞿秋白亲自为《湖南农民运动考察报告》撰写序言后，交给共产党办的长江书店出版发行单行本。

不久，正在武昌养病的毛泽东收到了一份意外的礼物——《湖南农民运动考察报告》的单行本。看到自己和杨开慧共同的心血终于得以与广大读者见面，毛泽东感到非常欣慰……

然而，没过几天，蒋介石便发动了“四·一二”反革命政变，开始大肆屠杀共产党人和革命群众，大革命遭到了局部的严重失败。面对错综复杂的矛盾，中国共产党必须要有清醒的认识并采取果断行动，才能挽救革命。为此，组织上决定召开中国共产党第五次全国代表大会。这次大会的主要任务是接受共产国际执委会第七次扩大会议关于中国问题的决议案，纠正陈独秀的机会主义错误，并决定党的重大方针政策。

4 月 4 日，杨开慧在武汉三医院生产，可毛泽东却没有守候在妻子身边，而是在忙着“五大”会议的准备工作。直到儿子出生后的第四天，他才在医院见到虚弱的妻子。

4 月 27 日至 5 月 9 日，中国共产党第五次全国代表大会在离户部巷不远的都府堤 20 号召开。出席大会的代表有：陈独秀、蔡和森、瞿秋白、毛泽东、任弼时、刘少奇、邓中夏、张国焘、张太雷、李立三等 80 多人，代表全国 57900 多名党员。共产国际代表罗易、鲍罗廷、维经斯基等出席了大会。

陈独秀代表第四届中央执行委员会向大会作了《政治与组织的报告》。报告涉及中国各阶级、土地、无产阶级领导权、军事、国共两党关系等 11 个问题，但没有正确总结经验教训、提出挽救时局的方针政策，反而为过去的错误进行辩护，继续提出一些错误的主张。

大会选举了新的中央委员会，选出了 29 名中央委员、11 名候补中央委员。新的中央委员会仍然选举陈独秀为总书记，选举陈独秀、张国焘、蔡和森为中央政治局常务委员会委员。与此同时，大会还选举了中央监察委员会。

党的第五次全国代表大会虽然召开在革命的危急关头，但并没有承担起挽救革命的重任。然而幸运的是，在这次大会中，周恩来、任弼时等一批对陈独秀的右倾错误有所认识、有所抵制的同志，却被选进了新的中央委员会，这为后来纠正陈独秀的右倾错误，提供了组织上的准备。

中国共产党第五次全国代表大会结束不久，国民政府便开始拆除武昌城。随着武昌城的捣毁，在户部巷存在了几百年的藩署也在一夜之间消失了。随后，原地上建起了一排整齐的商铺和民居。于是，昔日庄严古朴的官巷一下子变成了人群熙攘、市肆繁盛的商业街巷。

民国时期，户部巷里的银楼、金号以及服装、绸布、百货等商业铺面多如牛毛，数不胜数。商业发达了，自然需要存储货物的仓储，当时，在小巷巷尾还建有一座供商人们堆放货物的仓库——祥益堆栈。

白天巷子里人来人往，川流不息；夜晚这里更是灯火辉煌，人头攒动。来户部巷休闲购物的除了本地人外，还有许多操着陌生口音的外地人。

户部巷这块风水宝地，不仅被中国的官方所青睐，在这儿建府立署，就连日本人也对它“情有独钟”，在这儿建起了他们的“大本营”。

武汉会战后，日本侵略者的罪恶铁蹄踏进了大武汉。早在日本人到来之前，户部巷内的商户和居民们就闻风而逃了。就这样，刚刚繁荣起来的商业街随即变得一片沉寂。

日本人占领武汉后，就开始在城内大肆修建公馆和别墅。当时的抚院街（今户部巷风情街）上就建有一座日本公馆。

就是在这座公馆里，日本人不知制造了多少起罪孽深重的惨案。可是，这豪华的大本营并没有让他们安享太久。1945 年 8 月 15 日，当日本第六方面军司令官在投降书上签字后，侵略者们便开始陆续撤离武汉。

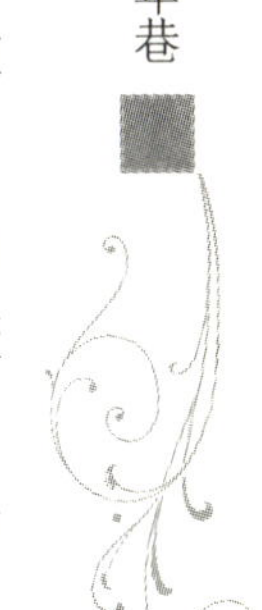

日本人走后，户部巷便又恢复了往日的生机和繁荣。一度关停的商铺又开始营业了，省立中学也开始正常上课，而日本人的公馆则变成了武昌县政府的办公地点。

市场正常了，自然就引来了凤凰。1946 年，肩挑小担沿街叫卖的谢氏面窝安家户部巷。从此，这里便开始迈开了汉味小吃的第一步。

小吃街巷的由来

1946 年 3 月，刚刚恢复生机的户部巷里突然冒出了一家油炸面窝的商铺——这就是过去肩挑小担沿街叫卖的谢氏面窝。

自从汉口人昌智仁用凹凸铁勺创制出面窝后，这种边厚中空、色黄脆香的圆形饼很快便成了武汉人最喜爱的特色早点。

随着面窝的流传，制作经营这种圆形饼的能工巧匠渐渐多了起来。20 世纪 40 年代，武昌的大街小巷上出现了一个肩挑小担叫卖面窝的小贩——他就是人称“谢氏面窝”的谢荣德。

由于谢荣德在制作这种早点时使用优质大米为原料，再掺进去一定比例的糯米，并用香麻油加葱花、芝麻、姜末作辅料，炸出的面窝焦脆适度、香酥并重，一直深受当地人们的喜爱。

1946 年，谢荣德在户部巷开设了一家小吃店，以经营面窝为生。这时候，他不仅更加注重食品的质量，而且还别出心裁，将糍粑夹在食材中，炸出了一种外面焦黄，里面银白的面窝，被称为“金包银”。

推出“金包银”面窝的头一天晚上，谢荣德就将大米和豆子磨成浆存放好。第二天天没亮时，他又早早起床生好炉子，开始炸面窝。

凌晨的户部巷一片宁静，空空荡荡的小街上除了街灯洒下的昏黄光芒外，再也看不见一个人影，听不见一丝声响。这时候，在大大的炉灶前，身围油渍渍围裙的谢荣德将用大米和豆子磨成的浆倒入凹凸铁勺中，再放入糍粑、撒上黑芝麻，浸入翻滚的油锅中……

天一亮，谢荣德的小店前就围满了人——大家目不转睛地看着谢师傅将银白的糍粑裹在米浆里，然后轻巧地放进油锅中。不一会儿，一个个焦黄的圆形米饼就新鲜出锅了。

吃着焦脆香糯的“金包银”面窝，邻居们一个个赞不绝口：“谢氏面窝制作独特，将糍粑夹在面窝中，堪称一绝。”

“是啊，一种食品，两种口味，实在妙不可言。”

“‘金包银’面窝不仅吃着可口，而且还吃出了一种文化，吃出了一份吉祥。”

……

太阳升起来时，所有出锅的面窝被抢购一空。此时，尽管谢德荣忙得满头大汗，却还是无法满足食客们的大量需求。

随后的日子里，“谢氏面窝”一传十，十传百，很快便享誉武汉三镇。每天清晨，食客们慕名从四面八方向户部巷涌来，窄窄的小巷经常被围得水泄不通。为了满足食客们的需求，谢师傅只好放弃休息时间，改为整天营业。

看到谢师傅的生意火爆了，小巷里的其他商户们便纷纷改行，也炸起了面窝。可由于他们本来就没有技术，加上又不愿意在配料上多下工夫，生意自然不如谢师傅。

1967年，户部巷被更名为“红安一巷”，次年，又恢复故名。

在计划经济时代，户部巷里的许多私营商铺被国营商行收编，谢荣德也被请进了国营食堂。于是，这里再也看不到往昔的繁华和喧嚣，古老的商铺紧闭了斑驳陈旧的木板门，偶尔匆匆穿巷而过的不是上下班的市民就是上学放学的学生。直到20世纪70年代，16路公交车开通，从汉口搭乘轮渡过江到武钢上班的市民也越来越多，户部巷因其特殊的地理位置而成为搭船或乘车上班族们的必经之路。人气旺了，自然就推动了第三产业的发展。正是在这个时期陆续有了石婆婆热干面、陈氏红油牛肉面等众多知名小吃。至此，户部巷这条百年古巷就变成了这些上班族们“过早”的首选之地。

石婆婆原本没有职业，一直在家门口摆水果摊度日。随着16路公交车的开通，穿过户部巷去乘车上班的市民越来越多。看到了商机的她便改了行，在门口支起炉子做起了热干面。

开张那天，石婆婆在门口郑重其事地放了挂爆竹。街坊邻居们也都来捧场。大家一边吃着热干面，一边问：“准备给小店起个什么名字啊？”

石婆婆回答说：“还没想好哩！”

“就叫石婆婆热干面吧！”有人提议说。

“好，就叫这个名字！”石婆婆微笑着说。

可是几天后，前来过早的人越来越少，石婆婆知道是因为自己的手艺不佳，做出的热干面口感不好，才导致的这种局面，于是她决定亲自去暗访名师。

这一天，石婆婆来到一个巷子口，要了碗热干面后，一边慢慢地吃，一边仔细地瞧卖面的师傅怎么配料。随后，通过连续几天的细心观察，她总算掌握了所有配料的过程，但是，煮面和拌面的窍门却还是没有弄清楚。

又有一天，石婆婆再次来到了这家小巷口，吃完热干面后，她就上前去向做面的师傅打听煮面和拌面的技艺。做面的师傅看了她一眼说：“你也想学做热干面？”

石婆婆点点头说：“是的！”

做面的师傅又瞧了她一眼说：“看在你一片诚心的份上，就告诉你吧，首先面条要选用一种碱水面条，这样吃起来才劲道。然后将面条抖散下入沸水锅中，煮至八成熟时捞出来沥干水分。水分沥干后，再将面条平摊在一个较大的平盘内，淋上香油，用扇子扇凉，防止面条互相粘连。吃之前，将晾凉的面条在开水里快速烫一下，再次沥干水分后装入碗内，将调好的芝麻酱料和萝卜丁倒在面条上，撒上香菜丁拌匀。”

回到家后，石婆婆便开始按照卖热干面师傅说的工序做面。可是面下入锅中煮熟后，不是太硬就是太软，总是难以达到八成熟的效果。后来，她又经过不断试验，反复琢磨，终于达到了满意的程度。

最后，面是做到了八成熟，可就是调不匀。后来，经过仔细琢磨，她才发现，原来是芝麻酱出了问题，买来的芝麻酱太稠，于是，她干脆用芝麻油自己调芝麻酱，这样稀稠就可以随心所欲地调控，而且调出的热干面也更均匀。此后，石婆婆又将肉末、花生酱、辣酱、豆瓣酱等添加进去，让热干面变得更加劲道爽口，酱香浓烈。

从此，每天早上 5 点多钟，石婆婆就开张卖热干面，早晨来面馆买热干面的人都在门前排成了长长的龙队。这时候，她一个人一忙就是一上午，有时到了晚上还要忙一阵。

石婆婆的生意一红火，自然激起了其他商户们改行的欲望。于是，短短的半年内，小街上就先后出现了陈氏红油牛肉面、徐婆婆热干面等 12 家早点经营户。就这样，昔日熙熙攘攘的商业街一下子变成了人头攒动的“早点巷”。

到了 20 世纪 90 年代初，随着徐嫂等一批下岗工人在这里立足，户部巷更是成了早点的天堂，每天早上到这里来“过早”的市民络绎不绝。但那时这里的早点摊档参差不齐，招牌五花八门，垃圾随处可见，窄窄的街道也被挤占得无法通行。

2002 年 7 月，武汉市提出社区建设“883 计划”，“早点、健康、再就业、防盗、互助”被武昌区政府列为五大“亲民工程”。经过论证，汉味早点已有一定基础的户部巷便成为试点项目之一。

2003 年 9 月 18 日，经过武昌区委、区政府的倾力打造，新户部巷隆重开街了。“徐嫂糊汤粉”、“唐氏热干面”、“石记热干面”、“二十一味牛肉粉”、“谢氏面窝”、“陈记红油牛肉面”等 43 户老字号和传统名店入驻。这些经营户以别样的口味、便宜的价格、充足的分量和齐全的品种，让“汉味早点第一巷”从这里走出武汉，走向全国……

第二章

新生产部巷　武汉风土情

洞开一扇门

“汉味小吃”，一个名扬天下的早点名称。但凡到过武汉的人，如果不亲口品尝一下这些小吃，那绝对是一种遗憾，而要吃到原汁原味的汉味小吃，户部巷又是一个必去不可的地方。这里出产的小吃蕴含着武汉人的情感、智慧和文化，这里的早点大师傅们仿佛个个都是神秘莫测的魔术师，各种以米和面为主的食材经过他们水与火的煎熬，散发出一缕诱人的醇香，释放出一股别样的“汉味”，给人的鼻子和舌头一种绝妙的享受。

人们常说，“吃在广东，穿在上海，又吃又穿在武汉”。武汉地处华中，饮食文化融汇东西南北之优势，于是，便产生了现在独具特色的汉味小吃。如今，汉味早点既有北方的大饼和油条的口味，又有南方的云吞和汤包的特点，甚至还集川味、湘味的优势于一身。然而，汉味小吃绝不是简单地引进，而是结合了本地人的口味，取长补短，再加以改进制作而成。另外，汉味早点不仅现做现吃，而且还可配套享用。比如：糊汤粉泡油条、热干面配米酒、软饼搭稀饭等，武汉人称之为“口味搭配”。

从汉口火车站出发，过汉水，绕龟山，只需一个多小时的行程，就踏上了万里长江第一桥——武汉长江大桥。漫步在这座雄伟壮观的钢铁巨龙上，“一桥飞架南北，天堑变通途”的气势和雄浑便会在胸中翻腾激荡。沿着大桥往南行，不到一刻钟，便来到了“天下江山第一楼”——黄鹤楼的脚下。缓步登上这座名扬天下的古楼，人的身心完全置于古诗古韵的典雅之中。站在楼顶极目瞭望，整个江城尽收眼底，西来的汉水、东去的大江，皆在脚下，完全把人带进了一种乘鹤白云间的美妙境界。放眼北望，蛇山脚下，长江岸边，密密麻麻的高楼群中，裂开一条“H”型的街巷，小街巷宛如一扇洞开的天门，将武汉的特色小吃和地方文化展示给天下所有热爱旅游和美食的人们。那里就是有着极高知名度的百年小巷——户部巷。

游完黄鹤楼，沿着长江大桥的阶梯信步而下，经解放路，过司门口天桥，不出数步，便能看见一座古朴典雅的白色门楼。门楼前，两只威风凛凛的石狮子蹲出了一副吉祥和尊贵的姿态。高高的门楣上，“户部巷”三个鎏金大字清雅秀丽，神采飞扬，仿佛在向来自

五湖四海的游客们默默诉说着小巷内幽深的文化和香醇的美食。门楣下，是一副由著名评书表演艺术家何祚欢亲笔撰写的对联：小食得大道人说此乃好吃佬福地，陋巷换新颜我敬他为创业者洞天。

走进门楼，此起

彼伏的吆喝声和摩肩接踵的人流，不住地冲击着人的中枢神经系统。抬眼望去，一片明清风格的建筑向西北方延伸出笔直的透视，既彰显出了小巷古风古韵的别样情调，又飘逸着紧扣潮流的时代气息，给人一种尽善尽美的享受。

徜徉在这古色古香的幽深小巷里，仿佛置身于美食的天地、小吃的海洋之中。两侧整齐划一的仿古雨阳棚下，是一眼望不到尽头的小吃店铺，各家店铺的上方都悬挂着响当当的招牌。店铺前，锅里煎的、箱上烤的、罐中煨的、笼里蒸的、盘里盛的，全都冒着热气，飘着幽香，刺激着食客们欲望的眼球，诱惑着食客们馋馋的口水。

不知道这狭长的古巷内究竟汇聚了多少种令人眼馋的美食？如果每一样美食只吃上一小口，那么，吃完这条小巷，真不知道会撑成什么样子？既然吃不了，就让鼻子、眼睛和心灵去享受、去沉醉吧！

走入巷内，首先吸引人眼球的是“叶老瘪饼店”里的牛肉饼——铜字招牌下的铁锅上方冒着微微的热气，里面几只圆圆的牛肉饼裹着滑腻的油脂，发出“吱吱”的声响，散着诱人的酥香。不一会儿，焦黄油亮的牛肉饼便熟了，盛在盘子里，仿佛一件件精美绝伦的工艺品，又似一块块完美无瑕的金色美玉。站在店铺前，且不说眼睛是一种什么样的享受，光是鼻子就早被那散发出的诱人香味给俘虏了。

吃完鲜香肉嫩、面脆油香的牛肉饼，再品尝两口酥松嫩软、油而不腻的三鲜豆皮，则是另一种美味享受。户部巷中最有特色的三鲜豆皮，应该是“多乎斋豆皮”和“老何记豆皮”了。在这两家店铺里随时都能够见到这种让人垂涎的美食——洁白的瓷盘里，切割成一片片大小一致的三鲜豆皮，皮色金黄油亮，中间露出熟透的肉丁和黏糊糊的糯米，让人一看，就会食欲大增。

从“多乎斋豆皮”店里出来，马上会被一股浓浓的卤香拽住脚跟。“婆婆卤”店铺前的平台上，仿佛成了卤味的海洋——卤鸡蛋、卤猪蹄、卤干子、卤海带等，应有尽有。这些卤制品，鲜香中带着一缕辣味，吃过后让人酣畅淋漓，情绪高涨。

百年老字号“老谦记豆丝”的店门前排起了长龙。店门口泛着油光的铁锅内，白白的豆丝伴着香菇、白菜、牛肉等配料，经过文火和武火的翻炒，只需5分钟，香气四溢的枯炒豆丝就新鲜上盘了。吃上几口既有咬劲又香嫩可口、连一代伟人毛泽东都念念不忘的枯炒豆丝，绝对是一种美味享受。

这时，如果想尝一尝名扬四海的“武昌鱼”，中华老字号——“大中华酒楼”不能不去。坐在豪华气派的大酒楼里，当一盘点缀着红椒圈、小葱丝的扁扁的“武昌鱼”端上餐桌时，你会忍不住伸出筷子，夹上一块鲜嫩的鱼肉，再醮上鲜浓的汤汁送入口中——细细咀嚼，舌尖上立即会感受到一种细嫩如豆腐、清香如蟹肉的鱼肉美味。

百年名店“四季美汤包”的店铺里坐满了食客。既然在这里找不到席位，就索性到“今楚汤包”去满足肚子里的馋虫吧。当一笼皮白肉红的包子端到面前，用筷子夹上一只放入口中，再咬上一口，丰富的汤汁中带着一股西红柿的味道，给尝惯了油腻美食的舌头一种清淡新鲜的享受。

走进“蔡林记热干面”，再吃上一碗绵软酱香、劲道爽口的热干面，不仅是吃着一种文化，更是吃着一种情怀。武汉热干面有着悠久的历史。如今，只要一提到“过早”，很多人马上就会想到热干面。而要吃到正宗、地道的热干面，户部巷便是少有的好去处，这里汇聚着众多的老牌名店——“蔡林记热干面”、“石记热干面”、“徐唐氏热干面”，走进每一家店铺，你一定会品尝到不同口感、不同品位的热干面。

如果觉得热干面吃得有些腻味了，那么就换一换口味，吃一碗鱼香汁浓、味道鲜美的徐嫂糊汤粉。当一碗糊汤微稠、米粉洁白并撒着鲜香的胡椒和香葱的糊汤粉端到面前时，口内立即会滋生出许多湿滑的津液。操起筷子，将那细滑绵软并带着浓浓鲜鱼味的粉丝送入口中，一股鲜美绵口的快感便顺着舌头直向全身扩散开来……

从徐嫂糊汤粉馆里出来，如果仍觉得余兴未尽，还可沿着户部巷一一品尝："陈记牛肉面"、"熊记汽水包"、"三品鲜牛肉"、"李桃重油烧卖"等等，这些用大米、芝麻、面粉、桂花、糯米、莲子等多种食材制作而成的美食，一定会让你大快朵颐，齿留余香。当然，还有绵软焦脆的"水煎包"、麻辣鲜香的"毛血旺"、软粘香脆的"糯米鸡"……总之，到了这里，你总会发出上帝在造人时，为什么不多生出几张嘴来的感慨。

满足肚子里的欲望后，再到"蔡林记"门前的热干面塑像前拍照留影，或者到红柱碧瓦的休闲长廊里去坐一坐，欣赏一下小巷古色古香的地方风味，品味一下小巷浓郁醇香的小吃文化。这时，如果余兴未了，还可到文化风情街去逛一逛。

户部巷文化风情街位于民主路西端，东起司门口天桥，西至长江边，全长 500 米。整条街道上的建筑呈现出一派民国初期的风格——青灰色的古砖和木质门窗、复古的门店和老式路灯，映照出浓浓的古典民俗文化影像。

文化风情街上的古董玉器店、字画陶瓷坊给人一种古朴高雅的精神享受，而临街表演的剪窗花、画糖人，又让人感觉回到了无忧无虑的孩童时代。

览胜文化墙

从风情街出来，便可再次从东门进入户部巷，去观赏记载着武汉、武昌及户部巷文化和历史的“文化墙”。

东门入口上方，一根雕刻着古花纹的横梁下面悬挂着三只古老的编钟，编钟上有三个隶书大字“户部巷”。两侧高高的牌楼上，是著名书法家陈义经题写的对联：绝艺尽人知盛名早播神州远，古城寻口福美味何妨巷子深。

进入东门往里走，越过几家商业店铺，便来到了一片空旷的地带。这里远离商业的喧嚣与嘈杂，给人的疲惫身心一丝宁静的抚慰。站在原地向四周环顾——右边是一堵明清风格的文化墙。墙头覆盖着青色的琉璃瓦，中间的黑色花岗石墙壁上，一个个身着古装、头留长辫的大师傅们正在忙着制作早点：热干面的首创者李包身穿黄色马夹，腰围灰色围裙，正笑盈盈地往锅内捞着热干面；老字号高胖子则一只手操着瓢，一只手端着碗，他面前盆内的热粥正升腾着袅袅热气；戴着眼镜的大丫飘右手托着一碗热气腾腾的水饺，左手拎着一壶酸醋，正昂首阔步地向前走着；脸上长着几颗麻子的徐嫂，手上端着装满糊汤粉的碗，碗上还搁着一根金黄的油条……这一个个栩栩如生、活灵活现的人物形象，既简单明了地展示了汉味小吃的制作过程，又恰如其分地诠释了汉味小吃的美食文化。

饱览过汉味小吃文化墙，再来到《武昌览胜图》文化墙。这是一组记录武昌历史和文化的览胜图。图中武汉长江大桥、黄鹤楼、宝通寺、长春观、东湖、磨山楚天台、起义门、红楼、武汉大学、长江大桥、农讲所、湖北省博物馆、中山舰等等，这些景观和遗迹，既让人了解了江城武汉的历史文化，又让人感到一丝幽远的缅怀。旁边是湖北著名诗人、楹联名家白雉山的铭文：

武昌古郡，华夏名城。江腾汉汇，人杰地灵。历史长河，载多少奇闻似锦。楚天画卷，绘无数胜迹如林。黄鹤楼韵事遥传，崔郎一律诗留千秋绝响；长春观道坛长盛，邱祖七真教演八卦奇门。宝通寺暮鼓晨钟，声传三镇；起义门举枪鸣炮，威震层云。都督府帷幄运筹，皇冠永落；中山舰英雄抗敌，亮节长存。农讲所燃一盏明灯，照亮沉沉黑夜。博物馆藏万桩史料，披陈烁烁奇珍。桥横江渚，虹卧洪波；台耸楚天，气吞星轸。大学名区，育桃培李；东湖美景，萦梦牵魂。目难暇接，笔不尽书也。今逢盛世，民乐邦宁。图胜迹于石碑，永垂后代，附拙文于骥尾，略尽微忱。

看着这些文字，不由让人对武昌的由来产生了浓厚的兴趣：

公元 221 年，吴主孙权为了与刘备争夺荆州，把都城从建业（今江苏省南京市）迁至鄂县，并更名“武昌”，意为“以武治国而昌”。

两年后（公元 223 年），孙权开始大兴土木，在江夏山（今武昌蛇山）东北修筑夏口城。按照当时的设计，城内设有一座“武昌宫”。

这座宫殿四周有宫城，内有太极殿、礼宾殿和安乐宫等主要建筑物；而且，修建这座城池宫阙的用料也是十分考究的，如安乐宫所用的瓦，均为制作墨砚的澄泥所制，真可谓“一瓦值百钞”。同时，为了军事目的，孙权又命人在城内的黄鹄矶上修建了一座瞭望塔——黄鹤楼。除此之外，宫城之东还建有一座鸡鸣阙，此阙因“有鸣载十”而得名。相传，为了早日建好武昌城池，吴王曾经夜使鬼工为城，未及鸡鸣而罢。这虽然是个神话传说，但由此可见当时孙权营建武昌城的急切心情和施工速度之快。落成之后的武昌宫可谓雄伟壮观、瑰丽堂皇。宋人薛季宣有一首描写武昌安乐宫的诗：“东鄂城东安乐宫，李花练绚玉玲珑。画图长喜平芜绿，不觉身归罨画中。”足见其典雅辉煌。

为了推动武昌地区的经济发展，孙权又将建业的一千多个富户迁入武昌——这些移民大部分是王亲贵族、富豪之家，当然，也有不少能工巧匠。

孙权的移民之举，无论是从人口的数量还是人口的素质上，都给武昌地区注进了新的血液，为后来武昌的经济发展和文化繁荣带来了新的活力。

当时武昌、夏口地区的造船业、铜铁业、陶瓷业和军港都有了很大发展。孙权曾在黄鹄矶下的船坞会见文武百官，其宏大的规模，壮观的场面，在武昌的历史上也是并不多见的。

公元 229 年 4 月，孙权在武昌称帝。武昌宫的太极殿里文武百官跪成一片，高呼：“吾主万岁，万岁，万万岁！”

孙权头戴皇冠，高坐上殿，挥动着宽大的袍袖说：“众爱卿平生！”

“谢主公！”

接着，孙权用手轻轻捋了一把唇下的髯须，望着朝下的文武百官说：“自从建业迁都武昌以来，已经整整八载有余，众爱卿对这次迁都有何评价？”

大司农刘基说：“主公，武昌三面环山，绕城皆水，山势险峻，道路崎岖，乃天然的军事屏障。另外，这里西有 90 里樊川可以停泊水军船只，东与樊川紧紧相连的百里梁子湖，湖宽水丰，终年不涸，又是操练水师不可多得的处所。还有，这里矿藏资源十分丰富，又有一定规模的冶炼业，为我东吴建都立业提供了非常重要的物质基础。应该说，这次迁都乃英明之举！”

孙权微微一笑说：“可孤准备将国都再次迁往建业！”

朝野之下一片唏嘘。文武百官有赞同的，也有反对的。

“主公！”刘基上前一步，肯切地说：“俗话说树挪死、火移熄。当年周平王不听卫武公的劝谏，一意孤行将国都迁往洛邑，最终还不是落得个王室微弱。臣以为，定都武昌，可以集中力量与蜀汉、曹魏抗衡，并且还能保卫我东吴西部境土的安全。此乃不可多得的用兵之地，不可轻易放弃呀！”

但孙权没有听从刘基的劝谏，于 9 月将国都迁回了建业。可是，故都的重要地位却一直使他放心不下。于是，不久便派名将陆逊辅佐太子孙登前往武昌驻守。

孙权死后 13 年，后主孙皓复迁都武昌。但他的这次迁都却遭到国民的强烈反对。当时，有歌谣曰：“宁饮建业水，不食武昌鱼。”次年，即宝鼎元年孙皓不得不还都建业。

岁月漫漫，往事悠悠，展开武昌的千秋功名册，孙权无疑名列榜首。但他怎么也没有想到，自己千辛万苦创下的基业，还不到 60 年的时间就改名换姓，变成了别人的领地。

公元 279 年，晋武帝在群臣的一再催促下，决心灭吴。次年 3 月龙骧将军王浚率巴蜀之军攻克武昌，进逼建业。至此吴亡，三国归晋。晋朝的武昌仍为郡治，隶属荆州。

以后的武昌城虽经过多次维修扩建，但终究没有形成较大的规模。直到明洪武四年，历经沧桑的古城经过又一次大规模的拓建才基本定型。

公元 1371 年，时任江夏侯的周德兴开始修建武昌府城。他将宋、元时的鄂州旧城向黄鹄山（今武昌蛇山）两侧大范围展开，蛇山完全被包入城中。当时，整座武昌城方圆 20 余里，墙体为陶砖砌就，墙身高大雄伟，十分坚固。根据需要，西面的城头还建有谯楼和月城各 1 座，并建有城垛 2333 个、营房 40 座。沿城墙壁还设有水门、水闸，以排城内渍水。另外，环城还挖有一道宽约 2 丈的护城河。整座城池，设有城门 9 座：东有大东门；东南有新南门；南有保安门、望泽门；西南有竹款门；西有平湖门；西北有汉阳门；北有草埠门；东北有小

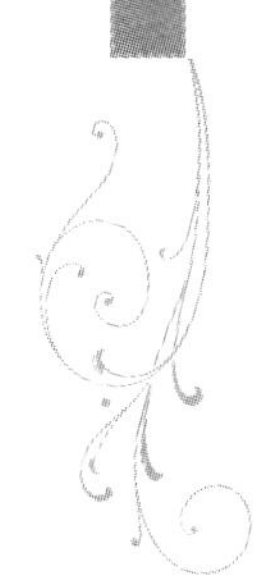

东门。

明嘉靖十四年（公元 1535 年），都御史顾璘再次重修武昌城，改大东门为宾阳门，新南门为中和门（辛亥革命后更名为起义门），改望泽门为望山门，竹款门为文昌门，草埠门为武胜门，小东门为忠孝门。清光绪年间，湖广总督张之洞又将中和门和宾阳门之间增设一门，称为通湘门。

明代的武昌城，街巷阡陌，衙署云集，不仅府学、贡院、文庙等文化建筑遍布，而且，许多文人学者、专家术士也荟萃于此，完全成了一座政治文化中心。

清代，武昌仍是湖广会城。这期间，城池并没有较大的拓建和兴筑，只是在明代武昌城的基础上进行了简单的维修。

历史永远不会忘记，公元 1911 年 10 月 10 日，中国革命军在武昌打响了第一枪。随着这一声枪响，延续了两千多年的封建帝制，终于在中国大地上销声匿迹了。这是中华民族发展史上具有里程碑意义的枪声，这是炎黄子孙追求民主和自由的枪声。

应该说，如果没有孙权为武昌城的奠基掀起第一锹土，如果没有辛亥首义在这里打响的第一枪，也就没有武昌城深厚的文化底蕴和重要的历史地位。

民国时期，因城市建设需要，当时的政府决定拆除武昌城墙。于是，饱经沧桑的武昌城 1927 年开始被拆除，除保留有历史纪念意义的起义门一小段城墙未拆外，其余的城墙于 1929 年全部拆完。至此历史悠久的武昌城便不复存在了。

然而，今日的武昌新城已然又是一番新的天地——这里不仅经济发达、科教先进、高校云集、风景优美，而且还较好地发扬和传承了汉味小吃这一民俗文化。位于黄鹤楼下的百年官巷——户部巷，经过武昌区委、区政府的支持和打造，如今已是蜚声荆楚、名扬海外的“汉味早点”第一巷。

数番打造，闻名遐迩

公元 2002 年 2 月初，江城武汉正处在冬日的严寒中。凌晨，天蒙蒙亮，东方的天空就被带有浓重雾色的阳光点亮，凛冽的晨风无情地吹拂着刚刚醒来的大都市。飞架南北的长江大桥似乎不怕冷，依然精神抖擞地挺立在寒涛滚滚的大江之上；江南的黄鹤楼独坐在高高的蛇山顶上，静静地凝望着脚下车来人往的大街小巷……

这时，位于黄鹤楼脚下的户部巷窄窄的巷道内已经开始忙碌了。12 家早点经营户的摊档前排满了正在等候过早的市民。尽管冬日早晨的天气异常寒冷，可这却并不能阻挡市民们前来“过早”的脚步。

窄窄的小巷内，老式的商住楼早已斑驳脱落了古老的外墙，仿佛一叶叶千疮百孔的风帆；各家商铺的木板门也早已淡褪了昔日鲜艳夺目的颜色，变成了一扇扇陈旧破损的古门；巷道两边的街灯不是残缺不全，就是东张西望；电线杆上，各种通讯电缆也是相互缠绕，凌乱不堪；地上到处都是食客们随手丢弃的垃圾；12 家早点经营户的摊档参差不齐，有的还将炉灶摆到了街心，严重阻碍了市民们通行的脚步。

太阳已经升过楼顶，石婆婆的店铺前依然排着许多食客。

“石婆婆的生意多好啊！”排队的人群中有人说道。

“这都是托大家的福哩！”石婆婆一边忙碌，一边说：“可惜，再过几天，你们就再也吃不到我做的热干面了。”

“为什么？您要改行吗？”

“不是啊，只是最近接到通知，说准备改造这条小巷，将所有的店铺重新整治，让这里的小吃规范化、规模化。”

“这是好事啊，这条小街也太脏、乱、差了，也早该整治一下了。”

“什么好事哦，真不知道上面又在玩什么新花样，搞得我们生意没法做，大家也没地方‘过早’哩。”

……

一个星期后，户部巷里所有的经营户都搬了出去，施工队的工程车开了进来。在挖掘机钢铁巨臂的挥舞下，这条从民国初就由官巷变成了民巷的古老街巷便荡然无存了。

拆迁时，已经搬到临时居住点的石婆婆每天都要到户部巷口去看一看。当第一眼看到与自己朝夕相伴了几十年的老房子被毁于一旦时，她感到无比的心痛。

冬去春来，春去冬又来。一转眼，又到了第二年春天，这时，当石婆婆再次来到户部巷时，一条崭新整洁的街巷展现在她的眼前——巷子口建起了一座古朴的半壁门楼，整条街上的建筑全部变成了民国初期的风格，电缆理顺了，街灯规范了，地面上也变得平整干净了。看着这些，她感觉又回到了童年的民国时代。

走在宁静的小街上，看着刚刚安装的灯笼、吊幡、垃圾桶、崭新的炉灶和统一的餐车，她脸上露出了欣慰的笑容；同时，内心也涌起了一丝难言的愧疚，那就是当初对改造小巷的不理解。

搬进新店，使用上新的炉灶和餐车，石婆婆更是笑得合不拢嘴，逢人就夸："这小巷改造得多好啊！干净、整洁、漂亮，有了这么好的环境，以后生意一定要好得多哩。"

小巷正式开始营业后，武汉三镇的市民们便全家出动，纷纷前来"过早"。当时，就连著名的评书表演艺术家何祚欢也闻风而动，专程从汉口赶来"捧场"。

何祚欢在户部巷"过早"的消息在媒体上曝光后，整个江城更是一片哗然，人们在茶余饭后谈得更多的话题就是户部巷和汉味小吃……

巢有了，凤自然来了。随着户部巷知名度的不断提高，江城的许多老字号小吃、百年名店也开始纷纷在这里安家立业。从小巷正式开始营业到开街，短短一年的时间内，就先后有"老谦记豆丝"、"今楚汤包"、"多乎斋豆皮"、"李桃重油烧卖"、"王氏馄饨"等入驻。

2003 年 9 月 18 日，已经进入初秋的武汉金风送爽、丹桂飘香；长江大桥在初升的阳光中显得无比明媚，黄鹤楼静静地矗立在蓝天白云中，古老的汉阳门码头上人头攒动，热闹非凡，刚刚从轮渡上走下来的乘客们顾不得休息，便马不停蹄地顺着临江大道向民主路方向走去。

位于长江边的民主路西段，这时已是人来人往，川流不息，所有人的脸上都洋溢着喜庆的笑容；户部巷南门入口处，一扇高高的彩虹门耸立在小巷的两边，巨大的门体上书写着：汉味早点第一巷——户部巷揭幕仪式！巷口的半壁门楼上披红挂彩，所有经营户的门檐下都悬挂着圆圆的大红灯笼；整个小巷内人山人海，水泄不通，仿佛过节一般热闹繁华。

上午9点，开街仪式正式开始，相关领导致完祝贺词后，在热烈的掌声中，著名评书表演艺术家何祚欢闪亮登场。走上临时搭建的舞台，他向台下的观众深深鞠了一躬，然后就用武汉方言说道：“户部巷开街，是武昌人的喜事，也是全市‘好吃佬’的喜事！”

何祚欢的这句贺词马上赢得满巷的喝彩声和欢笑声。掌声停止后，他又用诙谐幽默的武汉话为大家讲述了户部巷的历史文化和打造过程。直到中午时分，开街仪式才在他的“再会”声中结束。

随着开街仪式在媒体上的进一步传播，户部巷的知名度越来越大，人气也一天比一天兴旺，由过去的每天两千人次达到现在的每天五千人次。这些食客不仅来自武汉三镇，而且许多还是从四面八方慕名而来的游客哩。

然而，仅仅7个月之后，刚刚新建不久的户部巷又进行了第二次改造。这次改造将自由路纳入户部巷的范围，在东门入口处建起了一座编钟门楼，在自由路东段安装了文化墙，并成立了户部巷文化投资发展公司、商会，修建了管委会办公室，引进了一大批有特色的汉味小吃经营户。

2004 年 9 月 23 日，经过第二次改造后的户部巷迎来了“首届名优汉味小吃擂台赛”。

上午 9 时许，户部巷里的 55 家经营户忙得不亦乐乎。新挂牌的“石记热干面”馆里，大师傅一阵忙乎——煮面、调料、装碗，还不到 4 分钟，5 碗色泽金黄、香气扑鼻的热干面就做成了。店伙计快速端起热气腾腾的“参赛品”，一路小跑，把它们送到评委面前……

“这家的面，煮得火候恰好，面条够筋道。”尝过第 5 号参赛经营户——“唐氏热干面”后，一名评委不由赞叹道。

随后，其他经营户也都纷纷将自己精心制作的汉味小吃送到评委们的面前。经过仔细品尝，五位评委都以挑剔的目光，对参赛的美食进行认真评估，并做下了详细的记录。

几天后，比赛结果公布：“多乎斋红烧牛肉豆皮”因其制作工序复杂，在此次擂台赛上荣获“金奖”（第一名）；“老何记”“陈记牛肉”获得此次擂台赛的“优胜奖”……

2008 年，户部巷又迎来了第三次大改造。这次改造拆除了民主路小学东面的门墙，重新建造了一堵完整的南大门门墙，并将电线电缆全部入地，下水道重新修缮，消防设施完全更新，还将位于北出口的粮站改建成了一座红柱碧瓦的休闲长廊……

第二年，户部巷又得到了第四次改造。这次改造以民主路西段为重点，将黄鹤楼作为带动辐射点，着重体现户部巷的旅游文化风情。根据预订方案，整个民主路西段将全部翻修成民国初期的西洋风格，并在入口处建立一座文化大戏台，同时还大量引进茶馆、酒吧、咖啡厅、陶艺、演艺吧等文化产业，让老年游客在这里找到儿时的感觉，给年轻人一个休闲养心的去处。

2009 年 9 月 28 日傍晚，武昌民主路西段人山人海，水泄不通。这时，离 7 点整还只有几秒钟时，现场喊出了整齐的倒计时声：“4、3、2、1……”喊声刚结束，整条街上所有的灯光一起亮了起来……

不断闪烁的霓虹灯、千变万化的组合灯、凌空绽放的放光灯，将整个民主路西段装点得十分艳丽。入口处的文化大戏台上的灯光，将台后幕墙上的"户部巷风情街亮灯仪式暨汉味小吃文化节开幕式"几十个字映照得非常醒目。

"户部巷风情街亮灯仪式"上，武昌区的主要领导致祝贺词，并启动亮灯仪式。活动现场气氛热烈，户部巷经营户代表、社区居民及来自全国各地的游客近千人参加了活动仪式。活动仪式结束后，国家一级演员王丹萍激情演唱了一首具有浓郁民族特色的歌曲《武汉热干面》；全国著名景区——黄鹤楼风景区艺术团还表演了女声表演唱《次仁拉索》、双簧《户部巷》等精彩的文艺节目。

2010 年，经过五次改造后的户部巷，已由原来长 147 米、宽 3 米，只有 12 家小吃经营户的小巷，发展成为由户部巷老巷、自由路、

民主路西段和都府堤南段组成的，集小吃、休闲、购物、娱乐为一体，年接待游客 1000 万人次的汉味特色风情街区。

随着户部巷知名度的进一步提升，许多考察团和社会名流纷纷前来观光考察。2008 年 9 月 15 日，国际奥林匹克执委会主席何振梁就来到这里品尝过汉味特色小吃；同日，香港喜剧影星黄百鸣为户部巷签名；一个月后，中纪委宣传教育室副主任李本刚为户部巷题词：名吃扬天下！ 2012 年 2 月 21 日，中央电视台《百家讲坛》“开坛论道”的学者易中天到户部巷“过早”；两个月后，江苏常州市政府代表团考察户部巷；2012 年 9 月 17 日，中央电视台著名主播敬一丹走进户部巷……

如今的户部巷不仅成为集小吃、休闲、购物、娱乐为一体的特色风情街区，更为武汉市民乃至全国的旅游者提供了一个多情趣、高品位的“过早”胜地。

汉味“过早”，彰显城市风情

当第一缕曙光照亮苍茫迷蒙的大地时，江城武汉从温馨的睡梦中惊醒了。古朴典雅的黄鹤楼在微微的晨光中静静伫立着，仿佛在聆听一支悦耳动听的黎明交响曲；波涛翻滚的江水中，不知疲倦的轮船正在缓缓前行；钢铁巨龙似的长江大桥上，一辆辆汽车宛如一只只爬行的大甲虫，首尾相接，秩序井然。远处的摩天大楼上，闪烁了一夜的霓虹灯开始渐渐熄灭。

这时，在武汉三镇的马路边、车站旁随处都可以看到正在“过早”的人们。他们三个一群、五个一伙，在热气腾腾的小吃摊档旁，或站或坐，津津有味地吃着各种早点。

坐着吃的食客们一边吃着碗里的食物，一边饮着杯中的琼浆，显得不紧不慢，悠然自得；而站着吃的则是狼吞虎咽，风卷残云，吃完后将碗筷一推，再用纸巾擦一把嘴唇，付了钱，背起包，匆匆离去。

过去，在清晨的公交车上，也会看见一边乘车，一边吃早点的上班族。他们在上车前就将打了包的餐盒拎到了车上，找个地方坐下后，在颠簸中旁若无人地自食自饮。

然而，这时候若是到了位于黄鹤楼脚下的户部巷，则会看到另外一番景象：这里人头攒动，摩肩接踵。“H”型的百米小街上，到处都是手捧着餐盒“过早”的食客……

吃热干面的人，左手端着餐盒，右手举着筷子，挑起一挂面，轻轻送到嘴边——细长劲道的热干面在唇边调皮地舞蹈一阵子后，很快就被吸进嘴里去。随后，经过上唇与下唇的一番磨合，一股别样的美味，便顺着舌尖向全身荡漾开去。

而吃牛肉饼的人，则干脆将手中的饼直接咬上一口，然后，闭起眼睛，慢慢咀嚼，细细品尝其中的美味。

还有，时间充足的食客会坐在店铺中，面对一笼刚刚端上桌的汤包，用筷子夹起一只来，放进调羹，先咬上一小口，往里轻轻吹气，待汤包不烫嘴时，再蘸上调料汁，将汤连同包子一起放入口中……

这就是武汉人吃早餐的一大特色，这种风格与别的城市大不一样。

上海人和南京人的早餐就是吃泡饭，很多人家都是将头天晚上的剩饭煮上一煮，然后再吃点咸菜或泡菜对付一下；而广州人倒爱在外“过早”，他们喜欢出门吃早茶，全家人起个大早结帮成队地去酒店或者饭馆，郑重其事地泡上茶，拿上早点，边吃边聊，将国内外大好形势以及股市行情都弄得一清二楚，等到一顿早饭吃完，时间也将近中午了；当然，北京人的早餐就更简单了，不是油条就是大饼，再有就是剁馍，凑合着应付一顿。

而过去的武汉人吃早餐，一般都是在家里自己熬粥，或者到外面买点油条或者面窝，再吃点咸菜，一顿早餐就这样过去了。自从汉口人李包打造出热干面，使小吃的品种越来越丰富，给人们的生活上带来极大的方便后，到外面“过早”便成了武汉街头一道亮丽的风景。

其实，关于用早餐，在我国各地有着不同的说法：北方人爱说吃早饭，南方人爱说吃早点；若再往南至东南沿海一带和香港、澳门等地，则又称之为喝早茶；而武汉人却称为“过早”。

武汉方言中“过早”的由来，可以追溯到北魏的《齐民要术》一书。书中提到“过”就有食或咽的意思，如过饭下酒。而《水浒传》中又称“过中”为吃中饭，那么“过早”当然就是吃早饭了。清代人写的《汉口竹枝词》：“三天过早异平常，一顿狼餐饭可忘。切面豆丝干线粉，鱼餐圆子滚鸡汤。”更是反映了武汉“过早”的习俗。“过早”在武汉既是生活习惯，也是风俗、情趣与文化。许多外地人到武汉后，印象最深的往往也是“过早”。

应该说，武汉人对饮食特别挑剔，而要在家里做出“色、香、味”俱全的早点是不太可能的，于是，他们就只能到专门制作小吃的作坊去饱餐一顿，这样既节省了时间，又得到了食欲满足。此外，武汉的小吃店和早点铺多如牛毛，满街都是，根本用不着买票排队。更重要的是汉味小吃不仅种类繁多，而且经济实惠，非常适合普通市民的口味和消费能力。所以，忙碌而又挑剔的武汉人便把家里的早餐桌挪到了街上，乐得一家人自在清闲又能得到一份好口味。

如今的武汉人“过早”，要想吃得有品位、有档次，户部巷就是一个最好的去处。这里集中了全市所有的“过早”精品——爽滑劲道的热干面，鱼香汁浓的糊汤粉，外酥内甜的欢喜坨，糊而不腻的糊米酒，酥脆可口的油条……这些吃不完、数不尽的特色小吃品种，尝过后，一定会让人感到意犹未尽，流连忘返。

如果有人问，武汉人最心满意足的事情是什么？他们会告诉你，那就是早上蹲在树下或是站在车站边或是端坐于小店里“过早”。

说到“过早”，就不能不提名扬天下的武汉热干面。武汉热干面因不带汤而得名。这种面的制作方法是将面条基本煮熟，然后捞起来添油摊凉，等到要吃的时候，放进开水内滚烫几下，沥水，再加上丰富的佐料拌匀。一碗调拌好的热干面入口时香气扑鼻，耐嚼有味。吃热干面不仅是一种美味享受，更是一种情趣，极富楚腔汉韵的湖北大鼓就唱出了武汉热干面的情结和趣味：对面的老师傅，下一碗热干面。多把点芝麻酱少把点盐，吃完了我再把钱。

一个刚来武汉的外地人如果仔细观察，就会发现，早上的武汉人总是红光满面，神采飞扬。若要问为什么，他们会告诉你，那是过早过出来的；那是吃热干面吃出来的！

第三章

江城小吃风情　誉满华夏神州

热干面，一坛麻油惹的“祸”

说到武汉的“过早”，首先不得不提起名扬天下的武汉热干面。

武汉热干面，汉味早点中最响亮的名字，虽然其历史只有短短的七八十年，但从它诞生的那一天起，就注定会成为人们所喜爱的一种特色小吃。

如今，只要起个大早，在江城武汉的大街小巷到处都可以觅到卖热干面的摊点。但要吃到正宗、地道、有品位的热干面，最好到户部巷来。这里汇聚着“蔡林记热干面”、“石记热干面”、“徐唐氏热干面”等一批新老热干面名店，一定会让你尽兴而来，满意而归。

石记热干面已有四十多年的历史了，它因姓氏而得名，是户部巷最早的汉味小吃品种之一。石记热干面是在传统热干面的基础上经过不断地摸索创新，加入独特的配料制作而成。它的特点是面质优良，比一般面稍细，特殊的配料使拌出来的面软绵，吃在口中既不粘牙，又不缠口，加上祖传的麻油调制的芝麻酱，香气扑鼻，劲道爽口，回味悠久。

2004 年，石记热干面被武汉市餐饮协会授予“江城名点”和“小吃达标产品”等荣誉称号；2007 年，著名电视主持人谈笑品尝过石记热干面后，给予了高度的评价；2008 年，户部巷商会颁发给石记热干面“最受消费者喜爱的汉味名小吃产品”荣誉证书。

徐唐氏热干面创办于1974 年，其特点是：一热二干三香，面条粗细适中，面条劲道，口感柔软、爽口。该热干面秉承传统工艺，结合自家风味，融入现代元素，选用上等面粉，再配上特别的芝麻酱、多种调料和自家秘制的高汤制作而成。而牛肚热干面更是店内一绝。这种热干面在加工时，选用新鲜的牛肚，切丝，再配上十几种调味，用铁锅干烧而成。一广东食客来这里尝过后，当场留下一首打油诗：

汉味早点米当先，
户部巷中品万千。
昨日一碗热干面，
今朝回味在唇间。

徐唐氏热干面 1987 年进入户部巷，当时名叫“徐婆婆热干面”。2007 年，店主唐金枝以自己和丈夫的姓氏命名正式注册“徐唐氏热干面”。

2004 年，徐唐氏热干面被武汉市餐饮协会授予“江城名点”和“热干面达标产品”等荣誉称号；2005 年，徐唐氏热干面又荣获户部巷饮食擂台赛“金奖”；2008 年，户部巷餐饮公司授予徐唐氏热干面“最受消费者欢迎的名小吃”。

说起热干面，它发明的历史并不长，据说是在一个偶然的情况下形成的：

民国初期，李包出生在汉口长堤街一个卖汤面的家庭，他从小就受到了父母制作汤面的耳濡目染——其实他真名不叫李包，只因他脖子上长了一个拳头大的包，人们便叫他李包。

13岁那年，他就开始跟着父亲学做面了。凭着他的聪明好学和父亲毫无保留地教授，他很快就学会了制作汤面的工序。

有一天，父亲外出进货买面去了，李包理所当然地成了汤面馆的掌勺大师傅。早在几个月前，他就曾向父亲建议在汤面里添加香油、香醋、辣椒油等调料来丰富口味，但父亲没有听从他的意见。

那天，父子俩为此事进行了激烈的争论。父亲说：“我们李家的汤面素来是以面白清淡为主要特色，要是添加那些调料就会使面的颜色变得油黑，这样不仅增加了成本，而且得不到顾客的理解！”

年轻气盛的李包却反驳说：“不能因为增加了成本就不去创新，至于添加那些调料的确会让面的颜色变得不太顺眼，但却丰富了口味，我相信顾客会理解的！”

“傻小子，我过的桥比你走的路还多，这里的街坊邻居喜欢吃什么面，我心里比你明白几分哩！”

面对固执的父亲，年轻的李包无可奈何。

现在，父亲外出了，他可以当家做主了，于是，他便将那些调料添加到了他亲手制作的汤面中。

可是，当这些“特制”的汤面端出去后，却遭到了老顾客们的猜疑：他们怀疑这面的质量有问题，或者做得不干净，希望换上往日的

白面。尽管李包信誓旦旦，但街坊们还是不理解，最后李包只好屈从，还是为他们做了传统的白面。

李包为此感到非常郁闷……

转眼到了上世纪 30 年代初，李包已由一个翩翩少年变成了一个壮实的小伙子。这时，不知什么原因，他的脖子上突然长出了一个乒乓球大的瘤，这个瘤由小变大，最后长到拳头大的时候就不再长了。为此，他四处求医，可大夫们都说这是个良性瘤，不碍事。就这样，人们便都叫他李包。

成家立业后，年迈的父亲才将汤面馆完全交给他打理。

这年夏天，天气炎热，街坊们都不愿意出门，李包汤面馆的生意也因此变得非常冷淡，每天做的汤面都会有所剩余。

就这样，晴热的天气一直持续了很长时间。这天傍晚，好容易盼来了一场暴雨，气温也改善了许多，李包预计明天也将会是一个凉爽的天气，为了多做些汤面，他半夜就起床了……

等到他将面做好，天也将快亮了，谁知今天依然是个大晴天，气温跟往日没有多大的区别。天亮后，来“过早”的人依然寥寥无几。

看着一大锅剩余的汤面，李包哭笑不得——这些面如果长时间放在锅里就会发馊变质。无奈之下，李包只得将所有的面捞起来，摊在案板上，用大蒲扇降温，准备第二天再将它做成回锅面。到了后半夜，李包实在太困，打了个盹，无意中一蒲扇扇翻了案板上的一坛上好麻油。

麻油全都洒在了汤面里，将白白的面条染成了油黄色。看着沾满麻油的面条，李包一阵懊悔，他扶起倾倒的油坛了，准备将面条放到水中去清洗。可是，当他将案板上的汤面用筷子翻动时，却发现，那些裹满油脂的面条这时显得非常光滑油润，即使不用蒲扇扇也不会粘连在一起，于是，他干脆将麻油和沥干的汤面搅拌在一起晾在案板上。

第二天，有街坊来汤面馆“过早”，李包就将昨晚拌了麻油的剩面用开水烫热，捞起沥干入碗后，再拌上葱花、香油、香醋、辣椒油等配料。顿时，一碗热气腾腾、香气四溢的小吃产品便悄然诞生了。当时，尝过这种面的街坊都连连称好，就问这是什么面。李包脱口而出“热干面”。

成功有时发生在不经意间，就像无心插柳柳成荫。热干面正是在这种不经意间应运而生的。

从此，李包的生意便开始红火起来，不仅街坊邻居们经常光顾，就连武昌、汉阳的许多市民也纷纷乘船过江，慕名而来。

名声显赫了，拜师学艺的人也来了。这年的春天，李包的面馆里来了一对年轻的夫妇——蔡明纬和程柏英。他们也是来向李包拜师学艺的，李包很热情地接纳了他们……

由于蔡明纬和程柏英聪明能干，勤奋好学，一直深受李包的器重，所以，没过多久，他们便学成回家，在汉口满春路口开设了“蔡林记”热干面馆。

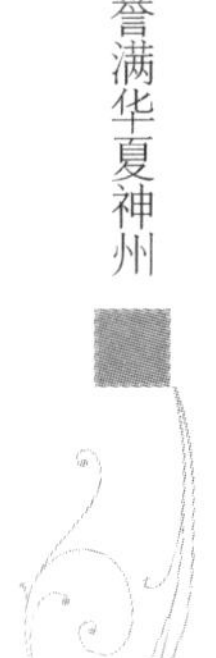

百年老字号“蔡林记”

武汉的热干面与山西的刀削面、两广伊府面、北方炸酱面并称为我国“四大名面”。

山西刀削面因刀削而得名，用刀削出的面中厚边薄，棱锋分明，形似柳叶，吃在嘴里只感外滑内筋，软而不粘，越嚼越香，因此深受广大食客的欢迎。说到两广伊府面，也许一般人并不陌生，这是一种油炸的鸡蛋面，炸出的面色泽金黄，汤浓味鲜，吃过后令人回味无穷。而北方的炸酱面则是用各色调料加芝麻酱为底料，再浇上豆芽和甜面酱炒制而成的，炒出的面鲜咸香辣，酥滑爽口，非常符合喜欢吃面者的口味。

然而，“四大名面”中，最有特色的就是武汉热干面。在武汉热干面中，最具有代表性的就是“蔡林记”热干面。如今的“蔡林记”在制面技术上不断创新，他们采用上等白面粉，再掺进鸡蛋，自己轧面，而调料则选用精品黑芝麻调制芝麻酱，做出的热干面能够长期保持光滑油润，条细坚韧，入口鲜美爽口，香味诱人。

蔡林记的第一代创始人就是民国时期的蔡明纬和程柏英夫妇。

民国初期，蔡明纬出生在黄陂蔡家榨村一个贫困的家庭，到了上学读书的年龄，他没有走进学堂，却被送进汉口华清街一家药铺当学徒。由于他聪明能干、勤奋好学，在较短的时间内，就很快学会了抓药识字。

后来，已经长大成人的蔡明纬在汉口认识了善良美丽的程柏英，并与其结为夫妇。

结婚后，为了谋求生计和发展，夫妻二人在长堤街开了一家汤面馆，程柏英在家做面，蔡明纬挑担摇着小鼓走街串巷叫卖。

每天清晨天刚亮，蔡明纬就挑着小担来到长堤街圣彼得小学门口，做学生伢们的生意。由于他为人厚道，面量给得足，而且味道又调得好，因此生意一直不错。

李包创造出热干面轰动武汉三镇后，蔡明纬夫妇就关掉了长堤街的汤面馆，去找他拜师，学习这种新的制面技术。

一年后，学成归来的蔡明纬夫妇在满春路口开起了一家小吃店。开张那天，他们的小店里来了很多的顾客，大家在喜庆的鞭炮声中边吃边问：“蔡老板，准备给小店起个什么名字呀？”

蔡明纬看见门口两棵非常茂盛的大树，灵机一动说：“蔡林记！”

“蔡林记，好！双木成林，郁郁葱葱，寓意生意兴隆！”众人拍手叫绝。

当天下午，蔡明纬便花了十块大洋，特地邀请汉正街市场的专业题字先生——来自山西的书法家路达，写下了“蔡林记”这块金字招牌。

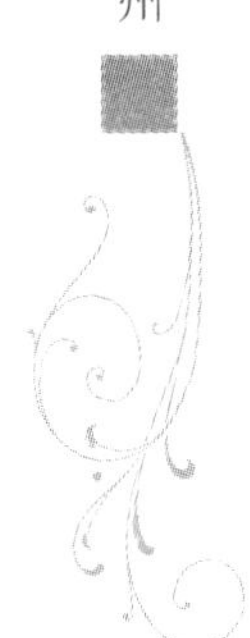

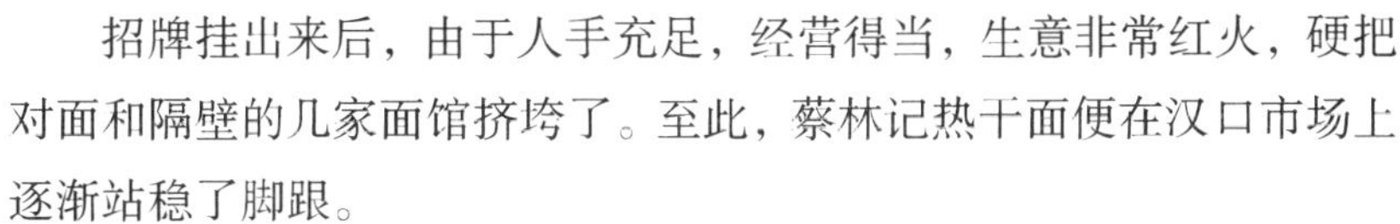

招牌挂出来后，由于人手充足，经营得当，生意非常红火，硬把对面和隔壁的几家面馆挤垮了。至此，蔡林记热干面便在汉口市场上逐渐站稳了脚跟。

在计划经济时代，蔡林记被公私合营，蔡明纬也做了一般的工薪族，直到退休病逝。

“文化大革命”期间，蔡林记热干面曾更名为“武汉热干面馆”，直到 1979 年才恢复“蔡林记”老字号原名。

在改革开放和市场经济大潮中，“蔡林记”几度沉浮……

2009 年，东山再起的“蔡林记”落户武汉户部巷。目前，这个百年老字号始终坚持用最好的原材料做最好的小吃产品，并在品种上不断扩大，新增加的牛肉、牛肚、炸酱等热干面深受消费者的欢迎。如今，只要走进户部巷南门口，就可以看到一座青铜塑像——一位手执热干面舀勺的大师傅两眼仰望着东方的天空，仿佛在说：“天下的游客快来户部巷吧，这里聚集着人类最优秀的小吃产品！”他身前的铁锅里，烫好的热干面正散发着浓浓的香味，馋得旁边的小孩直咂手指头。

蔡林记热干面，1997 年获得了“中国烹饪协会”颁发的“中华名小吃”证书；2006 年蔡林记热干面制作工艺，被列入首批非物质文化遗产名录；2010 年，被“中国饭店协会”评为“中国小吃名店”。这些都是“蔡林记”几代人辛勤劳动的结晶。

老谦记豆丝，一代伟人的牵挂

有着近百年历史的老谦记豆丝店，位于自由路和户部巷的交会之处，主要经营牛肉枯炒豆丝、原汤豆丝、清汤豆丝等品种。多年来，不论新老顾客，对老谦记豆丝都赞不绝口：牛肉鲜美滑嫩，豆丝香酥绵软，油而不腻，风味独特。

在老谦记门口，安放着一副电动石磨。石磨日夜不停地旋转着，磨下流淌出的不仅是象征制作豆丝的原料，更是一种文化和智慧。

“老谦记”原名“谦记牛肉馆”，是冯谦伯、冯有权夫妇在上世纪初创立的。店址最初设在武昌青龙巷，主要供应牛脯、牛肉炒豆丝和牛肉煨汤、原汤豆丝、清汤豆丝五个品种。

冯谦伯出生在湖南长沙，因为家庭贫困，很早就辍学了。1911年，辛亥首义爆发后，冯谦伯毅然参加革命，随着新军一起推翻了两千多年的封建帝制。后来，他虽然升任为武官，但因不满当时军政界上层的贪污腐化，便果断选择了退伍。

早在部队当兵时，冯谦伯就结识了一位回民炊事员，并跟着这位炊事员学会了做牛肉菜。退伍后，就凭着这手艺，他在长沙开设了一家牛肉馆。不久，长沙发生战乱，他便迁居武昌，挂起谦记的招牌，继续开馆营业。

自从在武昌青龙巷开业以来，冯谦伯就潜心研制牛肉炒豆丝。他将新鲜黄牛肉去筋，切成片，再将豆丝切成条，放入铁锅中煎炒，待到豆丝的一面呈金黄色时，淋入芝麻油继续煎炒，直到豆丝变得色泽黄亮，醇香袭人时，肉质鲜嫩、酥香可口的牛肉豆丝就新鲜装盘了。

顾客们吃到他制作的牛肉炒豆丝后，都大加赞赏，称这种小吃为“天下第一美食”。

青龙巷地处武昌交通要道，一直是人们生活和工作的中心。当时，光临谦记牛肉馆的不仅有工人、学生、军人，而且还有人力车工人。人力车工人有时拖着空车，经过青龙巷，便找个角落，把车停放下来，走进牛肉馆，买上一碗牛肉豆丝，美美地吃上一顿。

在经营牛肉馆期间，冯谦伯不仅待人热情，而且还非常注重牛肉炒豆丝的质量。在食材方面，他绝对选用上好的黄牛胸子肉，尤其是对火候的掌握，汤该煨多久，牛腩该烧多久，豆丝牛肉该炒多少，都各有定时。

由于冯谦伯牛肉炒豆丝口味独特，而他又为人厚道，童叟不欺，所以，在青龙巷经营期间，一直生意兴隆，门庭若市。

1920年，毛泽东在上海送走勤工俭学的湖南新民学会会员蔡和森后来到武汉，在武昌街头见到了武汉五四运动的领导者恽代英，共同的革命理想，让他们俩一见如故。毛泽东在利群书社住了半个月，与恽代英共同探讨救国救民之路。期间，恽代英请毛泽东在“老谦记”的小店品尝牛肉豆丝。

毛泽东吃过后感到非常满意，便问恽代英：“这是什么豆丝？”

恽代英回答说：“这是按传统工艺制作的唯有湖北才有的豆丝，加上鲜嫩的牛肉炒出的牛肉豆丝。”

毛泽东又问冯谦伯：“牛肉炒豆丝是怎么做出来的？”

冯谦伯说：“这还得从豆丝说起，豆丝是以绿豆、大米等为原料，磨成浆后在大锅里摊成皮，再切成丝；而牛肉豆丝则是牛肉和豆丝结合在一起煎炒而成的。牛肉豆丝可以枯炒，也可软炒，味道各有千秋，区别只在火候。主要原料都是黄牛脯子百沟、湿豆丝、水发香菇、玉兰片等，外加调味佐料，用麻油煎烙炒熟。吃起来牛肉酥滑鲜嫩、豆丝绵软滋润，牛肉与豆丝的味道交合在一起，别有风味。”

毛泽东在“老谦记”的小店里吃牛肉豆丝的消息一传十、十传百，一下子传遍了整个江城武汉，甚至许多外地人也知道武汉有个“老谦记”。

1938年10月，武汉被日本侵略军占领。武汉沦陷前夕，冯谦伯夫妇带着孩子，由武昌迁居江陵城内。遗憾的是，冯谦伯没有能够看到抗日战争的胜利，就因病在江陵逝世。日本投降后，冯谦伯的妻子冯有权带着女儿又重返武昌，并以丈夫冯谦伯的“谦”字为招牌名，更名“老谦记”，恢复了营业。复业后，“老谦记”依旧保持原有的特殊风味。

后来，由于种种原因，“老谦记”还是停业了。

新中国成立后，毛泽东在北京就餐时突然想起“老谦记”，就向湖北人李先念打听。可李先念当时也不知道“老谦记”的具体情况，于是专程到了一趟武汉。

李先念到武汉后一打听，才知道冯谦伯早已去世，“老谦记”也停业了。于是，他几经辗转找到了冯有权。就这样，在李先念的关怀下，“老谦记”便在民主路恢复营业。

“老谦记”在民主路恢复营业后不久，店里突然来了一位学员——这位学员名叫黄敬民，是武汉市首批财贸培训班毕业后分配到店中来专门学习牛肉炒豆丝的。由于黄敬民勤奋好学，深受冯有权的赏识，因此，很快便得到了真传，炒得一手好豆丝。

老谦记传人黄敬民大师1960年在北京表演大会留念

老谦记创始人冯有权和传人黄敬民1960年在北京人民大会堂前合影

1960 年 5 月，老谦记以牛肉枯炒豆丝代表武汉小吃到北京出席“全国技术革新表演大会”。在大会上，一代名师冯有权和她的传人黄敬民表演的牛肉枯炒豆丝受到了党中央领导人的高度赞扬。随后，老谦记被写进了《中国烹饪大词典》。

然而遗憾的是，就在“老谦记”正在发展壮大时，“文化大革命”开始了。这期间，“老谦记”又一次被迫停业。直到 1989 年，司门口德记酒楼才恢复牛肉炒豆丝这种小吃产品，但当时并没有挂“老谦记”的牌子。然而，仅仅一年后，又因政策的改制，“老谦记”又中断了经营。

直到2004年，“老谦记”才在户部巷正式开业。许多老武汉人再次吃到老谦记牛肉炒豆丝后高兴地说：“老字号‘老谦记’又回来了。我们到这里吃的不仅是牛肉炒豆丝，更是对历史的怀念！”

目前，“老谦记”的传人，美食大师黄敬民很好地继承了师母冯有权的厨艺。她深谙牛肉枯炒豆丝的秘制配方及烹饪方法，制作出的“牛肉枯炒豆丝”深受国内外消费者的欢迎。1998年经工商部门核准，她继承了“老谦记”的招牌；2004年，“老谦记”落户户部巷，并于8月正式注册商标。如今，“老谦记”豆丝的继承人沈祖学非常重视这个百年老品牌，他在狠抓质量的同时，又不断开发新的豆丝产品。现在，该店新推出的葛根粉菜豆丝、腊肉炒豆丝等，受到广大食客的好评。

2003年至2005年，在武汉市第五届、第六届美食文化节、厨师节上，“老谦记”牛肉枯炒豆丝荣获“江城名吃”、“特色小吃展销金奖”等荣誉称号。

糊汤粉，渔夫娘子的巧妙之炊

到户部巷过早，很多人都会让琳琅满目的小吃产品冲昏头脑，不知该吃哪一种才好。其实，到了这里，味鲜汁浓的糊汤粉不能不吃。

糊汤粉是武汉著名的风味小吃，有着悠久的历史，它以其独特的风味而饮誉武汉三镇。这种小吃不仅具有鲜明的鱼米之乡的特色，而且吃法也颇为独特——爽口的糊汤粉，再配上油条，吃过后回味悠长。

户部巷里远近闻名的徐嫂糊汤粉，经过二十多年的摸索，在传统精髓的基础上，不断提升改进，熬制出的糊汤粉不仅汤色似琥珀，而且粉质柔糯洁白、“三香”突出。被评为“武汉市特色小吃名点”。

糊汤粉的制作离不开米粉，而米粉在我国又有着非常悠久的历史，其来历可追溯到秦朝：

相传公元前 214 年，为了尽快征服岭南，秦始皇下令开凿灵渠。经过 3 年的艰辛劳作，这条体现了我国古代劳动人民智慧和科学技术的人工运河，终于修成通航。

灵渠修通后，秦始皇由丞相李斯陪同，微服游览桂林山水——当年的秦始皇有个嗜好，爱用鲤鱼须来下酒。

君臣来到漓江一看，漓江里的鲤鱼多得用手就能捧起。看到这么多的鲤鱼，秦始皇非常高兴，赶紧命令渔家快些捕来……

随后，秦始皇在漓江上游览了一个多月。在这一个多月的时间里，他每天都要吃掉许多的鲤鱼须——为了弄鲤鱼须，也不知捕杀了多少条鲤鱼。

鲤鱼杀得多了，鲤鱼王就生气了，发誓要号召所有的鲤鱼联合起来，把秦始皇的游船拱翻，让他葬身鱼腹。

这天，鲤鱼王将河神和众鲤鱼召集起来商议对策。坐在高高的王位上，鲤鱼王开口说道："自从盘古开天辟地以来，我们鲤鱼族就已经在江河中生存了。今天，我们本来可以在漓江中安享生活，可人类却偏要杀我同胞，食我胡须，让我们不得安宁。"鲤鱼王看了看众位鲤鱼接着说："今天将大家召集起来，就是希望各位能够联合起来，把秦始皇的游船拱翻，让他葬身鱼腹，不知大家意下如何？"

河伯听到后警告说："帝王之事乱来不得，还得另想办法！"

"那依你之见，该如何是好？"鲤鱼王问。

"大王，可以用大米磨浆制成米粉代替鱼须！"一条非常聪明的鲤鱼提议说。

"好，此计甚妙！"鲤鱼王一听，非常高兴，赶紧命人去做。

米粉鱼须做好后，鲤鱼王马上命小鲤鱼将其送到秦始皇的游船上。

第二天，秦始皇吃过米粉鱼须后，连连叫好，从此便不再用鲤鱼须下酒。就这样，米粉问世了。

以上只是一个神话传说，真正的米粉据说是秦军伙夫们做出来的。公元前 218 年，秦王嬴政为了统一中国，派武将屠睢率 50 万大军征战南越。由于南越少数民族勇猛强悍，根本不屈服于秦王的军事打击。于是，秦军身不解甲，手不离刀，与南越激战了三年。

与南越交战期间，由于大山阻隔，粮食供应困难，大量士兵经常挨饿。其实，这些西北将士，天生就是吃麦面长大的，西北的面条就是他们的主食。如今远离故土，征战南方，粮食又不够吃，没办法，只有就地征粮，以解决饥饿之大事。

但南方只盛产大米，却不长麦子，这就叫一方水土养一方人。如何把大米变成像麦面一样的食物，让秦军将士们接受呢？屠睢把这个重任交给军中伙夫们去完成。接到重任的伙夫们便根据西北饸饹制作面条的原理，先把大米泡胀，磨成米浆，滤干水后，揉成粉团。然后把粉团蒸得半生熟，再拿到臼里杵舂一阵，最后再用人力榨出粉条来，直接落到开水锅里煮熟。从此，米粉就在秦军伙夫们的智慧中诞生了。

没多久，米粉传到了全国各地。直到民国时期，湖北沔阳（今湖北省仙桃市）的一对打鱼的夫妻又用鱼汤加米粉创造出了糊汤粉。

糊汤粉的由来，源于一个神话传说。

湖北沔阳是一个美丽的鱼米之乡，那里湖泊众多，鱼肥蟹壮。因此，很多人都以打鱼为生。

新中国成立前，在沔阳的隔垱湖畔住着一个三十多岁的渔夫。勤劳的渔夫每天驾着渔舟到湖中去打鱼，一年四季，从不间断。一天，当渔夫将网撒下湖中时，突然湖面腾起了一阵巨浪，渔舟也险些被掀翻。待他收网时，却感到无比沉重，好不容易将沉沉的渔网拉上船头，打开一看，却是一条大大的美人鱼。

渔夫正在纳闷，美人鱼却开口说话了："小女子是龙王的三女儿，这个地方一直流传着'沙湖沔阳州，十年九不收'的民谣，父王特派我前来打探虚实，以便日后风调雨顺，让人们不再遭受水患之苦，没想到却落入了您的渔网之中！"美人鱼的眼眸里露出几许哀求："您放我回去复命吧，三个月后，我会回来报答您的！"

善良的渔夫二话没说，便将美人鱼放回了湖中。美人鱼在水中吐出一个美丽的圆弧，向渔夫表示感谢，然后一摆尾，游向了深邃的湖水中……

以后的日子里，渔夫照样天天打鱼，根本就没去想美人鱼的回报。

这天，当渔夫拖着疲惫的身子回到岸边的家里，却发现室内的桌上摆着热腾腾的饭菜，一个年轻美貌的女子正在灶台前忙上忙下。

见渔夫回来了，女子嫣然一笑说："三个月前你救了我一命，我说过要回报你的，从今往后，我就是渔夫娘子了！"

从此，在娘子的关心和照顾下，渔夫打的鱼越来越多。卖了大鱼后，聪明的娘子便将卖不完的小鱼熬成汤，再做成汤面——鲜鱼汤做成的汤面非常酥软可口，吃起来妙不可言。

一段时间后，鱼汤面吃得多了就有些腻味了，娘子就翻了新花样，把鲜鱼放进锅里慢慢熬成汁，再将煮熟的米粉放进去，撒上胡椒、香葱，就这样，人间第一碗糊汤粉就在清澈的隔垱湖岸边诞生了。

后来，糊汤粉经过人们的不断改进，才逐渐形成了今天独特的风味。

20 世纪 90 年代，武汉人徐嫂将自己在户部巷居住的房屋改成门面，办起了小吃店，经营糊汤粉。开始经营时，由于技术不过关，生意一直不太好。于是，她就到别的小店去亲口品尝糊汤粉，并询问其制作过程，回家后不断试制改进，终于形成了今天独具特色的徐嫂糊汤粉。

如今的徐嫂糊汤粉的汤汁，是用两三寸长的野生小鲫鱼熬制成的——天然环境下，自然生长的野生鲫鱼，肉质密实、紧凑，味道异常鲜美。徐嫂通常是在头天下午就买回活蹦乱跳的小鲫鱼，然后将鱼剖洗干净，放在文火上，整整熬一个通宵。直到鱼肉煮得不见形，鱼骨熬得消失殆尽，鱼肉、骨髓全部融进了汤里。用鲜活鱼彻夜熬制出的鱼汤，味鲜汁浓，细嫩清甜，含在嘴里，似乎有一股生命气息在齿间游走。而用来做糊汤粉的米粉，则是用籼稻米磨成浆后制作而成的——这样的米粉像线粉一样细，洁白细长，口感柔韧有劲。

2002 年，徐嫂的粉馆里来了一位特殊的顾客。这位顾客不吃糊汤粉，却专门打听她的创业经历——后来才知道此人原来是一位记者。在这位记者的启发下，“徐嫂糊汤粉”的品牌便应运而生了。

2004 年，著名评书表演艺术家何祚欢吃过徐嫂糊汤粉后，当场留下四句话：“红白两案，糊粉稀饭。勤劳致富，一年十万。”

日前，徐嫂糊汤粉以其糊汤微稠、米粉洁白、细长有劲、鱼香汁浓、滋味鲜美而获得第五届、第六届武汉美食文化节评选的“江城名点”和“小吃金奖”等荣誉称号；2007年，徐嫂糊汤粉荣获第八届武汉国际美食文化啤酒节“名优小吃”奖，并于次年又被授予“武昌区创业明星”奖牌。

另外，在武汉过早，吃上一碗牛肉粉，也是不错的选择。江城老字号“福庆和”牛肉粉，采用“原汤”米粉、“大块大块煨得很烂”的牛肉制作出的牛肉米粉，粉质嫩滑、味道鲜美。

牛肉面，慈善的回报

武汉人“过早”一般都是以热干面为主打食品。但是一种食品吃得太久了，又会感到腻味。这时，不如换换口味，改吃牛肉面。牛肉面不仅滋味鲜美，营养丰富，而且还可促进食欲，开胃理气，实为果腹之美餐，养生之佳肴。

要吃上地道、正宗的牛肉面，武昌户部巷无疑是最好的选择，这里的陈记牛肉面和三品鲜牛肉面馆制作出的牛肉面，一定会让所有顾客一饱口福。

相传牛肉面是回族人马保子于1915年始创的。

清朝末年，马保子出生在甘肃省一个贫困的回民家庭。15岁那年，他便被送进城里的一家餐馆做学徒，跟一位上了年纪的厨师学做牛肉菜。

跟着这位老厨师，马保子学会了炖牛肉、炒牛肉，懂得了用姜丝、料酒、酱油煎炒去除牛肉腥味的方法。当他满师回家后，却因为贫穷而无法自己创业。于是，他只得改行，制作拉面，用肩挑着在城里沿街叫卖。可是，由于他制作拉面的技术不过关，生意一直非常冷清。

一天早上，马保子挑出去的面连一碗也没有卖出去。当时，他真的有些失望，决定回家后砸了面担，从此不再干这营生了。

当他挑着面担路过一家餐馆时，看见一位衣衫褴褛的老者躺在地上，餐馆老板正在对他咒骂驱赶，旁边的围观者也一个个都冷漠无语。于是，马保子急忙放下面担，走上前去扶起老者。原来，这位老者是来这里投靠亲戚的，不想亲戚早已迁到了外地。就这样，没有着落的他只能流落街头，靠乞讨度日。这两天，他实在饿得慌，便来到了这家餐馆，没想到吃的没讨到，反被老板推倒在地……

善良的马保子十分同情老者的遭遇，将老者接到家中当亲爹一样供养了起来。

一天夜里，马保子梦见老者离他而去。临别时老者对他说，感谢他的一片真情厚意，并告诉他，可以将牛肉炖成汤兑到拉面中去，这样就荤素兼有，味香俱全了。等到天亮，马保子醒来时，果然不见老者……

起床后，马保子想起老者的话，赶紧买来牛肉，放到瓦罐中炖煮。经过长时间的炖煮，他把喷香的牛肉汤兑入面中，味道果然大有改善。将做好的牛肉面担到街上去卖，很快就被一抢而光——生意好起来了，马保子就开了自己的店，再也不用沿街叫卖了。

原来，那位老者乃天上的太上老君所变，是马保子的真诚感动了他，牛肉面的做法也是他有意透露的。

这天，马保子的店里来了一位卖龙须面的生意人。此人吃了一碗马保子做的牛肉面后直摇头。马保子不知何意，忙问：“这牛肉面做得不合您的口味？”

生意人又摇了摇头说：“不，这拉面里添加了牛肉汤，的确别有一番口味，但殊不知拉面的独特之处却在于原汤和面条的高度融合而产生的原汁原味，而不在于配料的添加。”

马保子一听，觉得非常有道理，忙问：“那依客官之见呢？”

“改拉面为龙须面！”生意人说。

“龙须面？什么是龙须面？”

“龙须面是一种又细又长、形似龙须的面条。农历二月二龙抬头，民间有吃面之俗，因此，这种面便叫龙须面！”

“为什么要用龙须面呢？”

“因为龙须面软硬适度，柔韧光滑，更适合添加配料！”

“您说的非常有道理，但哪里能买得到龙须面呢？”

生意人马上打开自己的货担……

于是，马保子与生意人一起动手下面。为了使牛肉面的口味更丰富，他们将白萝卜、辣椒粉、油、白芝麻等放进面中。等到一锅牛肉

面做好后，盛起一碗来，吃上一口，果然香气扑鼻，嫩滑爽口。

此后，经过后辈们不断推陈出新，在牛肉汤中添加丁香、砂仁、桂皮、大料等为主料，再辅以适量酱、盐之独特佐料配方，硬是将这种面食文化发挥到了极致，吃得个名扬天下。

户部巷中的陈记牛肉面创建于上个世纪 70 年代，当时的店名叫“陈氏红油牛肉面”。店主伍金莲没有职业，为了生活，便在家门口摆起小摊做牛肉面，生意一直不错。2002 年，“陈记牛肉面”正式在户部巷挂牌。

2006 年，其子陈义刚接过老招牌后，对牛肉面进行了改良。过去的陈记牛肉面用的是卤牛肉的第一道汤，而陈义刚将其改用牛的筒子骨熬成原汤，再将牛肉经过卤、炒等六道工序，并采用祖传秘方和现代技术相结合，做出的牛肉面油而不腻，麻辣嫩滑，深受广大消费者的青睐。

2003 年，陈记牛肉面在户部巷首届擂台赛获得“优胜奖”。2004 年，被中国武汉美食组委会授予“江城名点”称号。

2003 年，三品鲜牛肉面馆以“桂林米粉”加入户部巷，在数年的经营过程中，将桂林米粉制作工艺与汉味特色相结合，形成了自己的独特风格。

“三品鲜牛肉面馆”的品名跟户部巷这条官巷的历史渊源有着很大的关系。“三品”指古代的官位，因为过去在户部巷的两大衙门中就住着很多的大官员，“鲜”当然就是新鲜味美的意思了。

今天的三品鲜牛肉面中的牛肉完全是用砂锅炖出来的，选用上好的牛腱子肉慢慢地炖、慢慢地熬，制作出的牛肉面浓烈、醇厚、香气扑鼻。

汤包，万斤闸下的“灵感”

汤包以其皮薄、汤多、馅饱、味道鲜美等独特风味而誉满全国。

其实，汤包不仅味道鲜美，而且在吃法上也颇有讲究。当包子上桌后，先用筷子夹住包子上口，轻轻摇晃，然后夹起来，放进调羹，咬上一小口，往里轻轻吹气，待汤包不烫嘴时，再蘸上调料汁，而且要把汤连同包子一起吃。也有的人喜欢把汤汁倒在调羹里，先吃包子，再喝上一口汤汁，那也可以。

“四季美汤包”是武汉小吃中一个响当当的名字。它与老通城豆皮、蔡林记热干面、小桃园煨汤并称为“武汉四大著名小吃”。

2008 年，“四季美”落户户部巷后，以其老品牌的魅力和良好的品质吸引了数不清的顾客。

然而，汤包中的后起之秀“今楚汤包”更是以其独创的水果型汤包而名扬荆楚。

关于汤包的形成，有一个非常感人的传说。相传 600 多年前，朱元璋揭竿而起打天下，一路高歌猛进，捷报连连。这天，朱元璋率领大部队打到浙江中部的金华城下，由于守城元兵早有防备，把城墙加高了七尺，另外还给城门加上了万斤闸。朱元璋率军攻打了九天九夜，还是破不了城，于是，将士们只得在城外江边安营扎寨。

金华城久攻不下，朱元璋十分焦急，便召集大将常遇春和胡大海商量对策。他们关在营房里讨论了两天，可就是没有好的破城之法。

这天深夜，常大将军难以成眠，便在帐外来回踱步，思忖着破城之计。营帐外月光如水，夜虫长鸣，金华城外一片朦胧，可常大将军却无心欣赏这美丽的夜色。正当他返身准备回营时，突然发现金华城门被悄悄地打开了，万斤闸慢慢地升起，洞开的城门内走出许多元兵，一大批民夫在元兵的押解下担着水桶悄悄走向江边。原来，城内断水了，他们是趁着黑夜偷偷出来担水的。

这可是个千载难逢的好机会，于是，常遇春连忙跑进帐中唤醒正在熟睡的胡大海和士兵，以迅雷不及掩耳之势冲向城门。常大将军第一个上前，用肩膀顶住万斤闸，高声喊道："弟兄们，快冲进城去啊！"

顷刻间，起义军的千军万马，以排山倒海之势，一批接着一批向城里冲去……

英勇的常遇春肩顶万斤闸，时间长了，肚子饿得慌。这时，恰好营里送来了包子、菜汤等食物。当包子和菜汤端上来后，常遇春就让胡大海喂给他吃，可能是实在饿得慌了，常遇春一边狼吞虎咽地吃着包子，一边不停地催促："汤——包子，汤——包子！"

看着肩负万斤闸、汗流浃背的战友，胡大海顿生一计，他让士兵将菜汤灌进包子里，再将灌了汤的包子喂到战友的嘴里。常遇春吃过这种特殊的包子后，觉得喉咙滋润了，顿时力量倍增，直到全部士兵都冲进了城，才放下万斤闸。

事后，常遇春问胡大海：“你那天给我喂的什么好吃的，使我力量倍增？”

胡大海笑着说：“就是你叫的‘汤包’呀！”

常遇春也笑着说：“如果没有你的汤包，我早就被万斤闸压成肉饼了。”就这样，这个感人的故事传开了。后来，人们就借着这个传说，把灌汤包做成了可口的小吃食品。

现在的汤包经过不断的演变和发展，不仅原料和馅更讲究、更丰富，而且做法也更科学：将发面团搓成条，用手按成中间厚、边上薄的圆形皮坯后，分别放上馅料，再包起收拢，将收口捏成褶皱，就做成了小笼汤包生坯。将汤包生坯放入垫有松针的小笼内，用沸水旺火蒸上 8 分钟，便可享用。

武汉著名小吃品牌“四季美”意为一年四季都有美食供应，如春炸春卷，夏卖冷食，秋炒毛蟹，冬打酥饼等。1927 年“四季美”在汉口开业。当时的特级厨师钟生楚在该店制作汉化江苏风味小笼汤包应市，受到顾客的好评，从而使该店变为主要供应小笼汤包的汤包馆。他制馅讲究，选料严格，先将鲜猪腿肉剁成肉泥，然后拌上肉冻和其他佐料，包在薄薄的面皮里，上笼蒸熟，肉冻成汤，肉泥鲜嫩，十个一笼，佐以姜丝酱醋，异常鲜美。后来，为了满足不同顾客的需要，除鲜肉汤包外，他们还应时制作蟹黄汤包、虾仁汤包、香菇汤包、鸡茸汤包和什锦汤包等。

武汉的四季美汤包是在苏式汤包的传统做法的基础上不断改进形成的。这种汤包具有皮薄、汤多、馅嫩、味鲜的武汉风味特色。

老四季美汤包馆开办于 1922 年，老板田玉山从南京请来烹饪好手徐大宽师傅。在徐师傅的建议下，对汤包的制作进行严格把关和改进：第一步熬皮汤、做皮冻，第二步做肉馅，第三步制包，最后“一口气”火候到位；同时，在用料上一律选用上等料，肉皮要绝对新鲜，肉馅要一指膘的精肉，而蟹黄汤包一定要用阳澄湖的大鲜蟹等。由于“四季美”在质量上狠下功夫，因而一下子吸引了很多顾客，使老“四季美”的小笼汤包名声大噪。

如今，落户户部巷的“四季美”不仅保持了老店的传统风味，而且还推出了更多的汤包产品，如：虾仁汤包、香菇汤包、蟹黄汤包、鸡茸汤包、什锦汤包等。繁多的花样，丰富的品种，不仅为武汉人所喜爱，而且在全国也颇有名气。而仅仅凭着借来的 3000 元开创事业的“今楚汤包”老板欧阳涛，通过细心的观察发现，现在的年轻人对传统的鲜肉汤包兴趣不大。他从洋快餐上得到启发，尝试着改良汤包的馅，几经试验，新推出的西红柿汤包、菠萝汤包和草莓汤包，以其清淡新鲜、面皮柔和、馅料精致、汁多不腻的特点而受到了年轻消费者的欢迎。

“今楚汤包”2003 年正式注册，意为今天湖北的汤包。2003 年，“今楚汤包”在第五届武汉美食文化节中荣

获“江城名点”的称号；西红柿汤包、香菇汤包在2010年被“中国饭店协会”评为“中国名优小吃”。

品三鲜豆皮，毛泽东两顾“老通城”

三鲜豆皮（又称豆皮）是武汉人过早的主要食品之一，也是江城民间极具特色的传统小吃。三鲜豆皮是以绿豆、大米磨成浆，然后摊成皮，再包上馅，下重油煎烫成焦脆金黄的一种小吃食品。

在户部巷，最有特色的豆皮就是“多乎斋豆皮”和“老何记豆皮”了。“多乎斋豆皮”以其首创的红烧牛肉豆皮而得到武汉食客的首肯；“老何记豆皮”则以其皮色黄亮、香味诱人、酥松嫩软、油而不腻享誉江城。

今天的三鲜豆皮据说是汉阳人曾厚诚创制的。民国年间，曾厚诚出生在汉阳（今武汉市汉阳区）一个偏僻的小村庄。由于家庭贫困，他小小年纪就不得不到汉口谋生，先后做过蜜饯作坊的工人、小旅店的茶房等。

几年后，有了资本的曾厚诚在汉口大智门外，开了间甜食馆，取名“通城饮食店”，意为出了饮食店就可进城。那时他的店主要经营汤圆、米酒等品种。

同年，武昌王府口有家创建于清道光年间的豆皮餐馆，挂出了“杨洪发豆皮”的招牌，专做豆皮，人称“杨豆皮”。由于他做的豆皮皮色金黄，香脆爽口，因此颇受街坊四邻的欢迎。

看到别人卖豆皮生意红火，曾厚诚也有些心动了，于是，便在自己的店子里做起了豆皮。由于经验不足，他做出的豆皮口味不佳，因此生意一度冷清。

一天晚上，店里的帮工端着多余的剩饭剩菜自言自语地说：“倒掉吧，怪可惜的；不倒吧，又吃不了！”

曾厚诚听到后说：“那就别倒，先放在这儿！”

帮工便将剩饭剩菜放到了店中的餐桌上。曾厚诚望着桌子上的饭菜也不知该如何处理。这时，帮工又将做好的豆皮端上前来，曾厚诚看了看豆皮，又看了看桌子上的饭菜，灵机一动：何不将这些饭菜包进豆皮，再下重油放到锅里煎烫呢？说做就做，他马上和帮工一起动手包馅、煎烫，直到将包好的豆皮煎烫得焦脆金黄，香气诱人。就这样，色泽金黄、焦脆爽口的三鲜豆皮便诞生了。

自从有了三鲜豆皮后，曾厚诚便将店名改为“老通城”，意为通达成功（因这里原叫后城马路，与厚诚谐音，遂取其吉祥之意），专门经营豆皮。当时，他制作的“三鲜豆皮”一定要过“三关”：一是磨浆关：浆要磨细，稀稠适当，随用随磨，常换清水。二是火功关：一锅豆皮要变换好几次火候，直至达到外脆内嫩的要求。三是下料关：主辅料要配齐，如叉烧、广米、瘦肉、虾仁、香菇、笋片、鸡蛋等均不可少，以保持馅子原料的鲜味。

当时曾厚诚还不惜重金在三楼装上“豆皮大王”的霓虹灯，以招徕顾客。由于他非常注重产品的质量和宣传，因此“老通城”的三鲜豆皮很快便名扬武汉三镇，慕名而来的顾客络绎不绝，真可谓“生意兴隆通江城”。

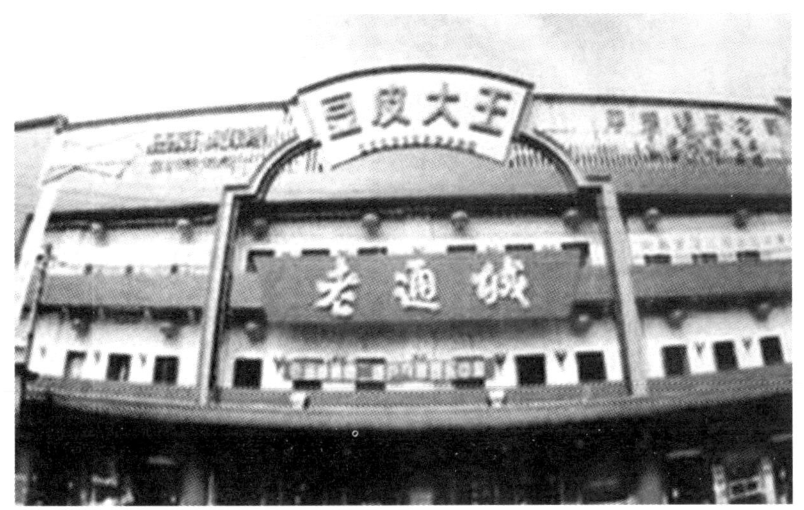

1958 年 4 月 3 日下午 3 时许，汉口花桥“老通城”餐馆里，食客们正在津津有味地吃着香喷喷的三鲜豆皮，忽然外面响起了一阵汽笛声。不一会儿，就走进来几个人。起先大家并未在意，没想到第一个进来的却是湖北省委书记王任重同志。他进门后，转身向后面的人做了一个请进的手势，接着，一个天顶很宽、头发乌黑、身材魁梧、穿灰制服的人，迈着稳健的步子走了进来。这一下大家都愣住了——这熟悉的面孔、这光辉的形象，不正是毛泽东主席吗？一霎间，大家都“嚯”地站了起来，呆呆地望着，也不知说什么好。这时候，还是孩子们最机灵，扯着大嗓子，高声喊：“毛主席！毛主席！”

毛泽东轻轻点点头并和大家一一握完手后，径直向厨房走去。一跨进厨房门，他就挥手向大家招呼：“辛苦了！辛苦了！”

“不辛苦，主席好！”厨房内的“豆皮二王”曾延林回答说。

“你是做什么的呀？”毛泽东问。

“我是做豆皮的，我准备专门做点好的豆皮，请您老人家吃。”曾延林回答说。

“你太细心了。”

“总是愿您老人家身体健康啊！”

在品尝豆皮时，毛泽东对同桌的外省同志们说：“你们那里没有这个，这可是湖北风味哟！”顿时，餐馆的全体工作人员都高兴地笑了……

同年 9 月 12 日，毛泽东第二次来到老通城，进店就说：“又来麻烦你们了。”这次是“豆皮大王”高金安为他精心制作三鲜豆皮。

第二天，毛泽东乘坐“江峡”轮视察安庆途中，高金安随船服务。两个多月后，党的八届六中全会在汉召开，高金安受邀来到毛泽东下榻的东湖宾馆。在接见高金安时，毛泽东语重心长地说：“豆皮是湖北风味，要保持下去。”

毛泽东主席先后两次来到“老通城”品尝过三鲜豆皮，留下了“国营要更好地为人民服务”的教导，毛泽东主席一生没有给任何餐饮店题词，唯一例外的是给“老通城”题过词。刘少奇、周恩来、朱德、邓小平、董必武、李先念及外国元首金日成、西哈努克等中外领导人吃过“老通城”的豆皮后，都给予了极高的评价。

如今“多乎斋豆皮”和“老何记豆皮”扎根户部巷。“多乎斋豆皮”和“老何记豆皮”不仅继承了老通城豆皮的传统风味，而且还创制出了许多新的豆皮产品，为食客们提供了更加丰富的汉味早点。

多乎斋豆皮原名真味豆皮。2010 年正式注册“多乎斋”。“多乎斋”取自鲁迅的“多乎哉，不多也”，而“多乎斋”里的“斋”字又有“饭食”的意思。因为“多乎斋”的红烧牛肉豆皮只卖双休两天，平常买不到，所以“多乎斋”又有“这种豆皮不多”的意思。

“多乎斋”自从2003年进入户部巷以来，店主何建东就始终不懈地在改进豆皮产品上狠下功夫。他首创的红烧牛肉豆皮，皮色宛如黄金甲，糯米松软而有弹性，馅料鲜香，口感酥脆。尤其是制作过程复杂：原料牛肉不是卤制的，而是加入了几十种特选珍贵食材熬制而成的，高汤入味再经过四五个小时文火焖熟。经过这些工序，制作出的豆皮营养价值高，口味的层次感强。

多乎斋红烧牛肉豆皮因其制作工序复杂，于2003年在户部巷首届擂台赛荣获“金奖”（第一名）；2004年，“多乎斋”再度被武汉市饮食管理处授予“江城小吃名店”、“江城名小吃”等荣誉称号；2006年，“多乎斋”又被中国质量万里行组委会评为“质量信得过产品”；2007年至2010年,多乎斋连续被户部巷管理委员会评为“优秀经营户”。

老何记豆皮于1958年由何光永老先生在武昌区前进路以自己的姓氏首创。从创造之日起，老何记豆皮经历了漫长曲折的道路，直到2000年由何光永的二儿子何耀贵继承并进入户部巷。

目前，老何记豆皮以传统与现代工艺相结合，精选优质的绿豆、大米磨成浆，再配以上等的猪油、香菇、糯米等为主要馅料，做法考究，质量上乘。

2003年，“老何记”获得户部巷首届饮食擂台赛“优胜奖”；2004年，被武汉市饮食管理处评为“江城小吃名店”；2005年，“老何记豆皮”又被武汉市饮食管理处评为“达标产品”。

牛肉饼，朱元璋的最爱

饼本来是北方人的特色小吃，它和面条、饺子、大馒头等一起成为北方人的家常便饭。其实，不光是北方人喜欢吃饼，南方人也喜欢吃饼，尤其是武汉人，喜欢用软饼泡着稀饭吃。然而，要吃到上好的软饼，给早晨一份愉快的好心情，最好到户部巷叶老瘪饼店来。该店选用真材实料，将传统的未经发酵的“死”面改为由油酥面和水酥面半发酵而成的“活”面，再将优质的黄牛肉夹在饼中，做出的牛肉饼，色香诱人，口感独特。

说到牛肉饼，这里还有一段美丽的传说：

相传朱元璋做皇帝时非常喜欢吃饼。为了能够吃到上等的好饼，他不惜花重金，在民间招募会做饼的大师。

皇榜张贴出去后，前来应征的民间大师络绎不绝。朱元璋便让他们每个人做一样饼让他品尝。

于是，面饼大师们个个都拿出自己的看家本领，争取将面饼做得独一无二。有一位名叫杨松的面饼大师独出心裁，将猪肉添加进了面饼中，做出来的猪肉饼金黄酥脆，肉鲜味美。朱元璋吃过后龙颜大悦，便问：“朕吃的是什么饼啦？”

杨松如实回答：“回陛下，是猪肉饼！”

朱元璋一听，马上不高兴了。

宦官立即一顿训斥："糊涂东西，难道不知道陛下是这个姓吗？"随即命人将杨松打入死囚，只等冬至一到，便开刀问斩。

杨松这才想起当今皇上姓朱，说"猪肉饼"犯了大忌讳，但话已出口，无法收回，只好自认倒霉。

一个多月后，远在湖北的杨松娘子久不见夫君的回音，于是，便派已经长大成人的儿子前去京城打探。

杨松的儿子来到京城一打听，才知道父亲已经被打入了死囚。弄清缘由后，他决定留下来营救父亲。第二天，当他从京城的大街上走过时，发现应征面饼大师的皇榜依然还在，就走上前去揭了下来……

杨松的儿子跟杨松学过做面饼，而且技艺并不在父亲之下。这时，他总结了父亲的教训，将黄牛肉放进饼中，并取名"牛肉饼"，这样既不犯忌讳，做出的饼又香酥可口。

朱元璋吃过杨松儿子做的饼后，大为赞赏，并立即将他封为御厨，专门为皇宫制作牛肉饼。后来，杨松的儿子不仅成功救出了自己的父亲，而且，还将牛肉饼传到了民间。

到了清朝乾隆年间（公元1736—1795年），有一天，乾隆在长安城内微服私访。当他走到一个闹市小巷时，看见一店铺前男女老幼排成了长长的队伍。身边还不时有三三两两的行人走过，手中都提着金黄色的面饼，顺着清风，阵阵饼香扑鼻而来。

乾隆忙上前询问："你们手里拿的是什么饼呀？"

"这是刚从前面那个店里买的牛肉饼！"

其实，在过去的宫廷中，牛肉饼一直是皇帝的御点，只是到了康熙年代，他祖父不喜欢吃牛肉饼，宫廷中便再也不做牛肉饼了。

乾隆从来没有吃过牛肉饼，又问："牛肉饼是什么饼啊？"

"你自己去买一个吃不就知道了吗？"

于是，乾隆排队买到了两个，也顾不得饼热烫嘴，忙把一个塞入口中，只觉表皮酥脆，里面柔嫩，油酥可口，回味无穷。待一个吃完，这才定下神来看手中的第二个饼，只见其圆如满月，色似金箔，饼中螺旋纹优美如涟漪，心中直叹真乃珍品也。此后，乾隆念念不忘这家牛肉饼，便将这家店主请到宫中，专门为他制作牛肉饼。

其实，关于牛肉饼的来历，还有一说：相传三国刘备招亲，弄假成真，使东吴赔了夫人又折兵。后来，有人为了夸张形容这段“龙凤呈祥”的相亲故事，在喜饼里面放了些“牛”来说明自己的婚事牛气冲天，无人能比。

以上都是民间传说。应该说，真正的牛肉饼起源于中国唐代，距今已经有一千多年的历史，此饼曾为宫廷御点，后流传到民间。唐代著名诗人白居易《寄胡麻饼与杨万州》一诗中写道：“胡麻饼样学京都，面脆油香新出炉，寄与饥馋杨大使，尝看得似辅兴无。”诗中的胡麻饼指的就是现在的“牛肉饼”。

今天的牛肉饼是在继承了过去的传统配方和制作工艺的基础上又进行了创新和突破才形成的，经过复杂的程序做出的牛肉饼风味独特、营养丰富、鲜香肉嫩、面脆油香，外形玲珑剔透，入口油而不腻。

户部巷叶老瘪饼店创建于2006年，是当时这里的第一家饼店。店主叶中建是一名厨师，手艺精良，曾在高级酒店里工作多年，因其人长得瘦，人称“瘪瘪”，于是，便有了“叶老瘪饼店”这个品牌。在户部巷自主创业后，叶中建不断推陈出新，改进牛肉饼的制作工艺——采用上好的黄牛后腿肉，经过剔筋去油，然后用啤酒香料等独特秘方腌制，最后绞成肉馅。经过这些工序，做出的牛肉饼皮色金黄，酥脆爽口。

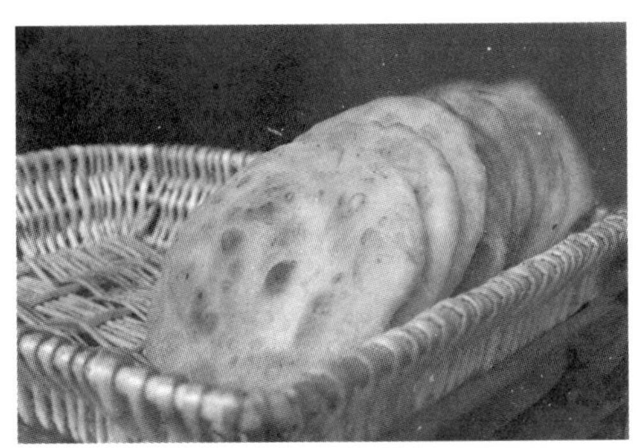

2006年，叶老瘪饼店的产品“油登子”和“牛肉饼”获得了由武汉市饮食协会举办的擂台赛“金奖”。

汽水包，穷人智慧的结晶

清晨，太阳刚刚露出红红的笑脸，在户部巷口的熊记汽水包摊档前，燃着熊熊炭火的炉子上边，支着一口大大的平底铁锅，油腻腻的锅盖，盖不住蒸腾的热气。不一会儿，水汽渐渐收干，白白胖胖的包子映入眼帘，一勺金黄的食油浇下去，包子发出吱吱的声响，再略煎一会儿，便熟透了。

排队的食客接过冒着热气的汽水包，一口咬下去，滚烫的糯米馅散着胡椒的香气，烫着嘴唇、暖着身子。

说起熊记汽水包的历史已有半个多世纪了，属祖传手艺，经过半个多世纪的不断改进和创新，现有粉条馅和糯米馅两个品种。用粉条馅做出的汽水包咸辣适中，很有嚼头；而用糯米馅做出的汽水包则软

软糯糯，酥香可口，让人百吃不厌。

其实，关于汽水包的来历，有一段非常感人的传说：相传清朝末年，在湖北沔阳（今湖北省仙桃市）的一个小镇上住着一户人家。户主名叫王焕，因为孩子特别多，而他本人又没有正式职业，所以家里经常穷得揭不开锅。

王焕的家就在镇上的一条老街上，这条老街虽然古老而又陈旧，但非常热闹繁华。街道两边商铺林立，门店繁多，人来人往，川流不息。王焕家的左边是一家卖豆皮的小店，右边则是一家蒸包子的小店。两家小店的生意特别红火，每天来买包子和豆皮的人络绎不绝。

每当邻居家肉包子的香味飘过来时，王焕的孩子们就馋得直流口水，可那么贵的包子，他家哪买得起呀！

看到孩子们的可怜样，王焕无比心痛。一天，他不顾那张饱经风霜的老脸，走到包子店去，想讨两个肉包子给孩子们解馋。可谁知包子店的老板不仅没给，反而还挖苦了他一顿：“我这肉包子是卖的，不是送的，想吃包子就拿钱来买呀！”

听着这些伤人肺腑的言语，王焕无比羞愧，恨不得钻到地缝里去，可他穷断了脊梁骨，哪儿能争得了这口气哟。

一天，王焕看豆皮店里的老板准备将做豆皮剩下的猪油渣子和肉皮子拿到外面去倒掉，于是，他忙走过去说：“倒掉怪可惜的，不如就给我吧！”

豆皮老板看了他一眼说：“这些油渣子、肉皮子给你有什么用啊？”

王焕低着头说：“给孩子们做肉包子吃。”

“这能做肉包子吗？”豆皮老板一脸诧异。

“孩子们馋得慌。”王焕无可奈何地说：“肉包子又买不起，也只能用这些来给他们解解馋了！”

这时，包子店的老板走过来说：“给这穷鬼还不如给我喂狗哩！”

豆皮店老板当然愿意巴结包子店的老板了，便卖了个顺水人情，把那些猪油渣子、肉皮子给了包子店的老板。可包子店老板家根本没有狗，他只是想借机羞辱一下王焕。他将豆皮店老板给的那些残渣扔到了地上，还顺势用脚踩了两下，然后哈哈大笑，扬长而去……

包子店老板的举动让王焕流下了屈辱的泪水，可是他没有忘记孩子们那可怜的面孔，再也顾不得尊严和面子，迅速拾起地上的残渣，飞快进了家门。

王焕将那些猪油渣子、肉皮子用清水洗净后，又将家里仅有的一点面和了，孩子们一起动手，擀皮包馅。包子做好后，却没有蒸笼，于是，王焕就只好将包子放在锅内，中央加上少量清水，盖上锅盖慢慢煮。待水分渐渐煮干后，揭开锅盖淋油煎烙，直到包子的两面金黄酥脆，香味扑鼻。当锅盖再次揭开时，孩子们便不顾滚烫，一哄而上，将锅内的包子抢了个精光。

小儿子吃完后，咂了咂嘴问父亲："爹，这是什么包子呀？"

王焕想了一下说："这是用汽水蒸熟的包子，当然就叫'汽水包'啦。"

孩子们吃后都说好吃，还想再吃。

第二天，王焕便找亲戚朋友借了几贯铜钱，买来了一些面粉和一口平底铁锅，在自家门口做起了汽水包。

由于使用了新鲜的猪肉和猪油，而且又添加了葱花、姜末等配料，并借鉴豆皮的制作方法，用平锅蒸熟后，再煎一道。这样煎烙出的汽水包软软糯糯，酥香可口，很快就被抢购一空。

王焕这边的汽水包生意一红火，隔壁包子店就理所当然变得门可罗雀、冷冷清清了，蒸出来的包子也无人问津。几天后，包子店不得不关门停业，老板也像缩头乌龟一样闷在家里唉声叹气。

后来，汽水包通过当地的能工巧匠的不断推陈出新，在馅中添加了更加丰富的佐料，而且煎烙时将普通食油改为喷香的芝麻油，才形成了今天汽水充足，油润光亮，外脆内软，馅香糯鲜的汽水包。

熊记汽水包店主熊友寿16岁便跟着祖父在乡里食堂学做包子,经过几十年的经验积累，做得一手令人称绝的汽水包。自从上世纪90年代初，熊记汽水包在户部巷开业后，就一直生意红火。

2003年，熊记汽水包以其姓氏为名，正式在户部巷挂牌营业。

2004年，熊记汽水包在户部巷饮食擂台赛上荣获“优胜奖”。

烧卖，做了暗记的包子

烧卖分北方烧卖和南方烧卖。北方烧卖没有汤汁，外观也比较硬挺；而南方烧卖，却有汤汁，而且胡椒味比较重，皮的韧性大，不会轻易夹破。

说到烧卖中的精品，户部巷中的李桃重油烧卖可称得上是其中之一。该店做出的烧卖不仅皮薄馅足，汤汁浓郁，而且还将香菇丁和瘦肉丁加在软糯的糯米里，吃起来味美鲜嫩，回味悠长。更让人称绝的是，李桃重油烧卖的外皮韧性足，把它夹起来的时候，外形就像一个吊起来的袋子，放下来也不会破，形如一个汤包。

除了李桃重油烧卖外，武汉的另一家老字号——“顺香居”烧卖也可以称得上是精品。该店制作的烧卖选料精细、做工讲究，吃在嘴里油而不腻，味道鲜美。

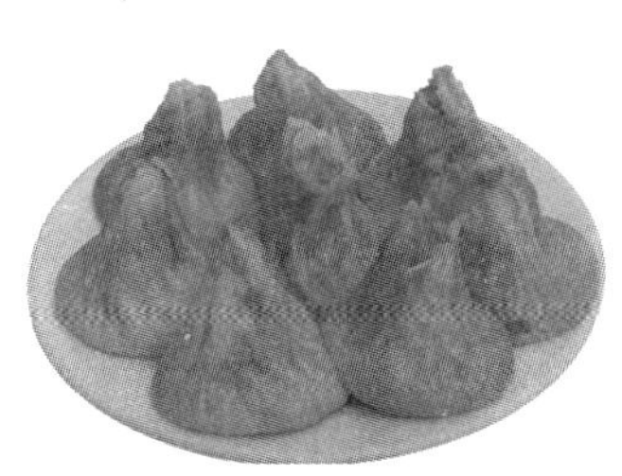

据史料：早在十四世纪的高丽（今朝鲜）的汉语教科书《朴事通》上，就有元大都（今北京）出售“素酸馅稍麦”的记载。该书上关于“稍麦”注说是以麦面做成薄片包肉蒸熟，与汤食之。方言谓稍麦。

“麦”亦作“卖”。又云：“皮薄肉实切碎肉，当顶撮细似稍系，故曰稍麦；以面为皮，以肉为馅，当顶做花蕊，方言谓之烧卖。”如果把这里的“稍麦”的制法和今天的烧卖作一番比较，可知两者是同一样东西。

关于“烧卖”一词的来历，有许多种说法。一种说法是：早年的烧卖在茶馆出售，食客来这里不仅是喝茶，而且还要吃可口的烧卖，所以烧卖又称捎卖，意为“捎带着卖”。也有人说因为烧卖的边稍皱折如花，故又称为“稍美”，意为“边稍美丽”。还有一种说法是，烧卖最初叫撮子包，因感到其名不雅，又因其边缘像快成熟的麦穗，因而改为烧麦。

其实，烧卖的由来有一段典故：明末清初，在内蒙古呼和浩特的旧城有哥俩以卖包子为生。经营期间，他们相处得十分融洽，赚到钱一人一半。

两年后，哥哥娶了嫂嫂。见家里又多了一个人，兄弟十分开心。他想：从此又多了一个帮手，生意也可以做得更大一些了。可谁知嫂嫂并不是他想象中那样的好人，她不仅好吃懒做，而且贪心十足，与哥哥成亲的第二天，她便剥夺了他的生意合伙权，只是让他在店里帮工，除了吃饱饭以外，再无分文。

弟弟因为年少与她争执不得，只得踏踏实实地在店里苦干，想以自己的实际行动来感化嫂嫂。但他哪里想得到，他的实际行动不但没有感化嫂嫂，反而让她变本加厉，连饭也不给他吃饱了。

于是，委屈而又伤心的弟弟便跑到母亲的坟前痛哭了一场。哭着哭着，就不知不觉地睡着了。睡梦中，只见母亲微笑着向他走来，并告诉他以后该怎么做……

第二天，弟弟故意将包子做得小了许多，并顺便做了一些开口包。顾客来买包子时，发现比往日小了许多，弟弟就将开口包搭上去。好心的顾客们都知道弟弟的遭遇，于是，就有意帮助他，将开口包的钱悄悄塞给他。

时间长了，弟弟便用积攒起来的钱自己开了一家包子店。当时，厚道的他仍然做一些开口包白搭给顾客，但这些开口包绝对是免费的。很多人更喜欢这种不像包子的包子，取名“捎卖”。后来这种包子的名称不断演变，向南传播就改叫“烧卖”了。

应该说，今天的烧卖脱胎于包子，但它与包子的做法又有着很大的区别。包子要用发酵的面制皮，顶部也要封口，而烧卖却恰恰相反，不仅要用未发酵的面制皮，而且顶部不封口，宛如一个石榴。

李桃重油烧卖法人代表陶新容年轻时就喜欢研究美食，为了将烧卖做得更好，她几乎尝遍了武汉三镇所有的小吃产品。经过不断地摸索和实验，她终于在烧卖制作上形成了自己独特的方式：面皮是手擀的（因为机器制的皮容易破损），馅料里有汤汁，吃起来香嫩、回甜。

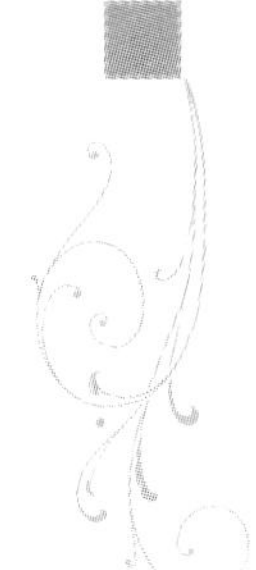

2000 年，“李桃重油烧卖”以陶新容夫妇的姓氏命名正式注册。并于两年后进驻户部巷。

2006 年至 2008 年，李桃重油烧卖连续两届荣获武汉市国际美食文化节“最佳汉味小吃”金奖；2006 年，李桃重油烧卖又被武汉市餐饮协会评为汉味小吃“达标产品”。从 2003 年进驻户部巷起，李桃重油烧卖每年都被户部巷管委会授予“优秀经营户”、“销售明星”等荣誉称号。

无心插柳臭豆腐

臭豆腐，其名虽俗但却外陋内秀，平中见奇，是一种极具特色的民间小吃之一。臭豆腐分为臭豆腐干和臭豆腐乳两种，都是相当流行的小吃。臭豆腐乳属于豆腐乳的一种，曾作为御膳小菜送往宫廷，受到慈禧太后的喜爱，并赐名“御青方”。

落户户部巷的长沙火宫殿臭豆腐，选用上等黄豆做成豆腐，然后把豆腐浸入放有干冬笋、干香菇、浏阳豆豉的卤水中浸透，直到表面生出白毛，颜色变灰，初闻臭气扑鼻时，才放入油锅中慢慢煎炸。等炸到颜色完全变黑，表面膨胀以后，才可以捞上来，再浇上辣椒、香油……就这样，一盘芳香松脆、外焦里嫩的臭豆腐（武汉人俗称“臭干子”）就做成了。这种臭豆腐吃在嘴里臭香各具，多汁多味。

臭豆腐是有着丰富文化底蕴的民间休闲小吃，距今已有几百年的历史，其最风光的时代可追溯到清康熙年间。

相传清朝康熙八年，从安徽来京参加殿试的王致和科举落第后，闲居在会馆中郁郁寡欢。原来，和他一同来京参考的贡生们一个个都返乡回程，而他却因为囊中盘缠不足，暂留在了京城。

日子一天天地流逝，王致和囊中仅有的一点盘缠也一天天减少，如果再不想方法赚点银子，他就只有露宿街头了。

可他乃一介书生，除了满肚子里的之乎者也、诗词曲赋外，又会什么呢？

这天，王致和在一家小酒馆里吃完饭，并付尽了身上的最后一个铜板后，忧心忡忡地走在京城的大街上。路过一家豆腐坊时，他猛然想起，自家祖传就是做豆腐的呀，而且年幼时，他还曾跟父亲学过做豆腐呢，何不到豆腐坊去找一个谋生之处呢？

走进水渍渍的豆腐坊，王致和说明来意后，掌柜的愣愣地看了他一眼，说："想在我的豆腐坊做帮工，你能行吗？"

"老板，您不要门缝里瞧人，我们家祖祖辈辈都是做豆腐的。俗话说，龙凤之后无庸才。"王致和认真地说。

掌柜点点头说："好吧，那你就先在我的店中试试，如果做得好，我不会亏待你的。"

就这样，陷入困境的王致和就暂时住进了豆腐坊。他知道，这个安身之处来之不易，因此十分珍惜——每天天不亮，他就早早起床，和老板一起磨浆、沥汁、压榨、切块，从不敢有半点马虎。

半年后，掌柜的又在城里中心地带开了一家规模更大的豆腐坊。由于精力有限，一时照顾不过来，他便将小豆腐作坊转让给了王致和。

王致和做上老板后，更是兢兢业业，苦心经营。他每天一个人做好豆腐后，还要自己挑着担子去沿街叫卖。刚开始时，每天做的几升豆腐还可以卖完，可随着夏季一天天来临，豆腐便越来越难卖，而卖不完的豆腐在赤日炎炎的高温中很快就会腐败变质。

生意无法做了，王致和索性关闭作坊，准备潜心攻读，参加下一次的殿试。可这些剩下来的豆腐却成了他的心病，扔了吧，可惜，不扔吧，放着也只会腐败变质。

中午，王致和一边喝着酒，一边冥思苦想着该怎么处置剩下的豆腐。这时，当他将筷子伸进碗内夹起一块咸鱼时，突然想起鲜鱼通过食盐腌制后，可以存放很长的时间，而自己剩下的豆腐为什么就不能用这种方法来保存呢？这一灵感瞬间闪现后，他急忙放下酒杯，找来一口小缸，将所有剩下的豆腐，用盐腌了起来。

以后的日子里，王致和一心只顾读书，渐渐将缸里腌豆腐的事给忘了。

几个月过去了，王致和卖豆腐所赚的银子被吃得所剩无几。无奈之下，他只好再次打开豆腐坊的门，打算重操旧业。一切准备就绪后，他蓦地想起那缸腌制的豆腐，赶忙走进屋内打开缸盖——真是不打开

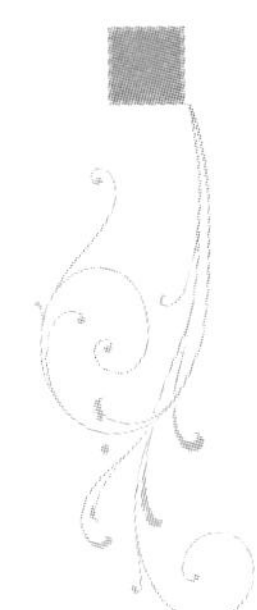

不知道，一打开吓一跳。随着缸盖的打开，一股臭气扑鼻而来。他急忙从里面取出一块来一看，只见手中的豆腐早已呈青灰色，放入口中品尝，只感觉臭味之中蕴藏着一股浓郁的香气，虽非美味佳肴，却也令人回味。

这臭中带香的豆腐让王致和拍案叫绝——这可是世间绝无仅有的极品，如果投放市场，一定会销售火爆。可这刚从缸中捞起来的豆腐毕竟没有经过烟火，属于生冷食品，用什么方式将它们变成熟制食品呢？

王致和饱读诗书，他知道中国的熟制食品主要通过煮、蒸、炒、炸四种方式加工成熟。显然，这四种熟制食品的加工方式各有千秋，如果不亲自尝试，很难确定哪一种加工方式才适合这腌制的豆腐。

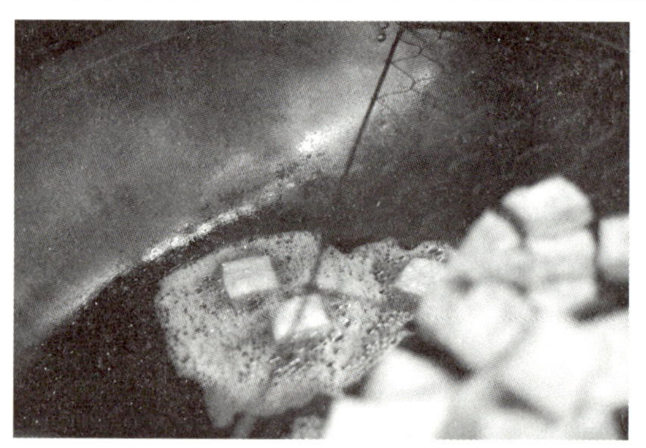

经过多次尝试，还是油炸的最好。将腌豆腐放入滚烫的油脂中慢慢煎炸，等炸到颜色完全变黑，表面膨胀以后，再捞上来，顿觉芳香松脆、外焦里嫩，吃在嘴里多味多汁，臭香浓郁。挑到街上售卖，果然被抢购一空。于是，这位饱读诗书的书生便放弃了求取功名的途径，专门做起了豆腐营生。

一天，王致和的豆腐作坊里来了一位年青的客官，在品尝过他腌炸的豆腐后，大加赞赏，便随口问道："掌柜的，你这豆腐何名？"

王致和一听，愣住了，他压根儿就没有想到给自己的豆腐起什么名字，于是干脆随口回答说："香豆腐！"

"非也，这豆腐明明带着一股浓浓的臭味，岂能说是香豆腐呢？"客官反驳说。

"这豆腐外陋内秀，臭中带香，为何不能叫香豆腐？"

“此言差矣，据我所知，这豆腐奇就奇在这个‘臭’字上，正是因为‘臭’，才有了这种奇特诱人的味道，如果叫‘香豆腐’，就会使这种食品的魅力大打折扣，还不如顺其自然，就叫‘臭豆腐’，这样反而会平中见奇啊！”

“客官所言极是，就叫‘臭豆腐’吧。”

从此，王致和的“臭豆腐”一传十、十传百，很快便名扬四海。一百多年后，臭豆腐作为御膳小菜送往宫廷，受到慈禧太后的喜爱，亲自赐名“御青方”。

后来，人们对臭豆腐不断改进，让这种食品变得更加丰富多彩。据说毛泽东年轻时常吃长沙火宫殿的油炸臭豆腐干。到了新中国成立后，他依然对火宫殿的臭豆腐念念不忘，还去吃过，吃完后说了一句话：“火宫殿的臭豆腐还是好吃！”

如今，在户部巷不仅可以享用到正宗的“长沙火宫殿臭豆腐”，而且还可以品尝到正宗的“绍兴臭豆腐”。这家豆腐坊没有像其他的豆腐坊那样直接用机器浆渣分离，而是请了老师傅每天进行手工合渣压榨，再用滚油煎炸而成。这里炸出的臭豆腐里面白嫩，外面酥脆，吃在嘴里豆香浓郁，多汁爽口。

以石代卵“糯米鸡”

在户部巷众多的汉味早点中，有一种外表金灿灿、形如鸡皮的小吃，深受食客们的欢迎。它就是由糯米和面糊捏成团，再经过滚油煎炸而成的“糯米鸡”。

说到糯米鸡，很多人一定会把它与生活中的鸡联系在一起。其实，武汉的这种小吃与鸡没有任何关系。

相传很久以前，在泮塘（即现广州市荔湾湖公园附近）一带有一个鸡贩，每天穿街过巷卖鸡。

这天早晨，鸡贩子走遍了泮塘的大街小巷，可剩下的一只鸡还是没有卖出去。无奈之下，他只好将这只鸡带回家去自己享用。

回到家中，他将鸡剁成一块块的碎片，准备放进瓦罐煨煮。可是，当他从墙角里拎起那只也不知使用了多少年的瓦罐时，一不小心，摔在地上，碎了。看着已经摔成一堆废砾的瓦罐，鸡贩子无比懊悔。但懊悔归懊悔，鸡肉却还是要加工成熟的，现在没有了瓦罐，就只能将它放到饭锅里和饭一齐煮了。

饭煮熟后，揭开锅盖，一股熟鸡肉混合着米饭的香味扑鼻而来，从里面夹起一块来放入口中，顿感鲜嫩可口，尤其是鸡肉中夹杂着的一股淡淡的米饭香，在口内释放出一种妙不可言的美味。

鸡贩子的妻子吃过这种鸡肉后，灵机一动提醒说：“夫君何不用糯米煮鸡肉，做成一种新的小吃，拿到集市上去卖呢？”

“娘子所言极是，但为什么要用糯米呢？”鸡贩子不解地问。

“因为糯米不仅糯而黏滑，幽香和润，而且性温、味甘，暖脾温胃，是一种温和的滋补品，深受大家的喜爱。”

鸡贩子照着妻子的话将鸡肉和糯米混在一起煮熟后，拿到街上去卖，果然深受食客们的喜爱。

看到鸡贩子的生意火爆了，泮塘的许多酒店也争相模仿，做起了糯米鸡。后来，为了满足食客们不断变化的口味，他们又将糯米鸡进行了改进，用荷叶包裹饭团，里面再加上冬菇、虾米、咸蛋黄等各种配料，于是，就演变成了今天的广州美食了。

而武汉的糯米鸡，却另有一段美丽的传说。据说在清康熙年间，湖北沔阳（今湖北省仙桃市）一位名叫李忠的仆人陪着主人去穗城（今广州市）经商。有一天，主人请李忠吃了一顿当时在穗城十分流行的美食——糯米鸡。第一次吃这样的美食，李忠只感到香嫩可口，味美无穷，暗称此乃天下最可口的美食。因此，回家时，他特意带回去一些，给妻子品尝。

回到沔阳后，李忠再也没有机会去穗城，当然就再也吃不到穗城美食——糯米鸡了。这天，他实在忍不住对这种美食的欲望，就怂恿妻子学着做。

面对丈夫的要求，妻子感到非常为难，因为她从来没有做过这种美食,并不懂得其中的要领,更何况他们家根本拿不出买鸡肉的钱……

可这些困难并没有难倒聪明的妻子，她终于想出了一个以石代卵的好方法，那就是将煮熟的糯米捏成形如鸡皮状的饭团，再在外面挂面糊，煎熟，不就是一样的糯米鸡吗？

主意打定后，她就把家里仅有的一点糯米拿出来，用水淘净后，放到锅内煮熟。当黏黏的糯米饭出锅后，她就用手工捏成鸡腿状，然后又将擀好的面皮裹上去。看着一个个形如鸡腿的“杰作”，妻子会心地笑了。

再次点燃灶膛，将锅内的水煮沸后，妻子满怀信心地将自己的“杰作”放了进去。不一会儿，一个个洁白的“糯米鸡”浮出水面，在铁锅中翩翩起舞。这时候，她停止生火，从锅中捞起煮熟的仿制“美食”放入口中一尝，才发现这种水煮的“糯米鸡”除了熟透的糯米味和面粉味外，完全没有真正广州糯米鸡的口感。

这下妻子傻眼了，没想到自己聪明反被聪明误，偷鸡不成反蚀一把米。糯米鸡没做成是小，可好端端的糯米和面皮被糟蹋了，夫君回来一定会大发雷霆的。这时，她时而在心惊肉跳中反思，时而在反思中心惊肉跳，整个上午都在焦虑不安中度过。正当她感到万分绝望时，突然脑海中闪现了儿时吃油炸糍粑的一幕——那一年，家里将要来一位城里的贵客。为了招待好这位贵客，母亲使出浑身的解数做各种好吃的食品，其中有一样就是油炸糍粑。那糯米做成的糍粑经过油炸后，变得酥脆可口，完全换成了另一种口感，那异于寻常的味道，让她至今都记忆犹新。

何不将这仿制的“糯米鸡”也用油炸？为了丰富口味，在油炸前，她又加进去了酱油、胡椒、姜末等佐料……仅仅几分钟后，七八个金灿灿的糯米鸡就起锅了。夹起一个放在嘴里，只感觉外脆内鲜，油而不腻，虽没有广州糯米鸡的口感，却另有一番诱人的味道。第二天，聪明的妻子又向邻居家借来一些糯米，特意做了许多这样的“糯米鸡”拿到街上去试卖，果然一下子就被抢购一空。这突如其来的商机让李忠兴奋不已，他很快辞去了仆人的工作，与妻子共同经营起了糯米鸡的小吃生意。

今天的武汉糯米鸡，就是在李氏糯米鸡的基础上演变而来的。尤其是位于户部巷都府堤 14 号的“彭氏糯米鸡”以糯米为原料，加入特质馅料，经油炸而成。吃起来外酥内软，不油不腻，鲜香可口，风味独特。

瓦罐煨汤，“煨”出一代女皇

中华汤文化源远流长，坊间至今流传着的“民以食为天，食以汤为先”的说法。《吕氏春秋·孝行览·本味》中说：“凡味之本，水最为始。五味三材，九沸九变，火为之纪……”这些足以说明了煨汤的真谛。中国传统饮食观追求美味享受，注重饮食养生，而汤最容易兼顾到这两个方面。

从以上例子中完全可以看出，中国人自古就有喝汤的习惯。而如今的民间瓦罐煨汤，完全采用民间古老传统的煨汤之妙法，以瓦罐为媒，再精配食材和纯净水，煨制达 7 个小时以上而成。

其实，关于瓦罐煨汤的由来，民间流传着一段动人心魄的传奇故事。相传在唐武德年间，在并州文水（今山西省文水县）有一位姓张的风水先生，颇有本领，人称张半仙。一天，张半仙应邀到一农户家去看风水。一路上，他总会不住地东张西望，看看哪个地方的风水更美。

路过处女峰时，他被眼前一座秀丽的山峰吸引住了——这座山峰不仅生得奇特秀丽，而且在山岭间还露出两只“龙脉眼”，乃绝佳的风水宝地。感慨之余，他随手从衣袋里摸出一个铜板，扔在“龙脉眼”

口做下记号，待来日有空闲时，再专程来这里探寻。

张半仙刚走，后面又来了一位姓李的风水先生。这位李风水亦有本领，人称李半仙。李半仙看到处女峰山岭间的“龙脉眼”后，也暗暗称奇，亦随手在路边攀摘了一枝芒心花插了上去……

半个月后，两位半仙同时带着工具来到了处女峰前。张半仙看了看李半仙，李半仙也看了看张半仙，都明白了对方的来意。

“这块风水宝地乃我首次发现，采挖权归我！”张半仙瞪着李半仙，气愤地说。

“凭什么？”李半仙不甘示弱。

“有铜板为证。”张半仙由气愤变成得意。

“你有铜板为证，我亦有芒心花为证。”

两位风水先生争论了半天，谁也说服不了谁。最后，他们只好商定以各自的记号为准，各自挖各自所属的领地。可是，当他们一齐走到“龙脉眼”前时，都惊呆了，原来，芒心花正好插在铜板中间的孔中。

既然一切都是天注定，他们只好同意合挖，如果找到宝贝，就一人一半。

将近晌午时，他们在“龙脉眼”下同时挖出了一块青石板，搬掉石板，只见里面一条红鲤鱼在悠闲地游荡着。看着鲜活的红鲤鱼，两位半仙高兴得嘴都笑歪了：“宝贝，得来全不费工夫！”

两位半仙拎着红鲤鱼一同走进了街边的一家小饭馆。将红鲤鱼交给老板娘后，张半仙说：“将这条鱼蒸了，我们俩一同吃！”

老板娘接过红鲤鱼，乐呵呵地说：“行，请两位客官稍等，一会就好！”

“再来一瓶高粱酒！”李半仙接过话茬说。

“对不起，我们这里没有这种酒，你们可以到离这儿不远的酒坊去看一看。”老板娘歉意地说。

这下两位半仙犯难了，都怕自己走后，鲤鱼让对方先吃了。经过一番激烈地争论后，两人商议还是一起出去买酒最放心。于是，临出门时，他们叮嘱老板娘，红鲤鱼蒸熟后，千万不可乱动。

两位半仙走后，老板娘拎着红鲤鱼走进厨间，才发现蒸笼里早就放满了菜肴，如果等里面的菜全部蒸好，再蒸红鲤鱼，恐怕两位客官会生气。情急之下，她便自作主张，将收拾好的红鲤鱼放进了瓦罐……

不一会儿，瓦罐里就散发出阵阵幽香。这时，老板娘的小女儿黄胖囡被幽香吸引了过来，大哭大吵着要吃鱼，任凭怎么哄劝也无济于事。万般无奈之下，老板娘只好从瓦罐内舀了一点鱼汤给小女儿解解馋。

两位半仙买了酒回到店中，老板娘忙将煨好的红鲤鱼端到他们面前。张半仙揭开瓦罐盖一看，大惊失色地说："鲜红的鲤鱼，颜色变暗了，你一定动过我们的鱼了。"

老板娘怯怯地说："我的小女儿黄胖囡哭着要吃鱼，我就舀了一点鱼汤给她吃，鱼真的没有动过。"

听完老板娘的话，两个半仙气得脸孔发青。他们相互对瞅了一眼后说："算了算了，这是天数，既然你的黄胖囡有这个福，这红鲤鱼就送给她吃吧！"

黄胖囡喝了鱼汤，又吃了鱼肉后，人就长得十分漂亮，后来被选入皇宫，做了唐太宗的妃子。

这位妃子一到宫中，就给自己造了个名字叫"曌"。"曌"意为万岁是日，她是月，日月当空，象征她将要与皇上一起来治理国家。后来这位杰出的女人真的当上了皇帝，她就是我国历史上唯一的女皇帝——武则天。

黄胖囡喝瓦罐鱼汤做上皇帝的故事传出去后，民间很多人便开始纷纷效仿。他们将红鲤鱼放在瓦罐里煨汤，吃过后，皇帝当然没当上，但享用了一顿味美汁鲜的瓦罐煨汤。后来，又有人将乌鸡、排骨等也放到瓦罐里炖煮，却意外发现味道特别好。就这样，一传十，十传百，这种美食烹制法很快便在民间流传开来。

随着时间的推移，民间瓦罐煨汤也在不断演变。这时候，人们开始运用中医相生相克、调理阴阳的道理，讲求食材搭配互补，使煨汤的技艺越来越精湛，并形成了独树一帜、风格迥异的饮食文化。

如今的瓦罐煨汤又创造出了缸中套罐的新方法——把原料罐放在一米方圆的大缸中，以木炭火恒温煨制，密封不溢。这样加工出来的瓦罐煨汤不仅味道更加鲜香、醇浓，而且营养也不会流失。

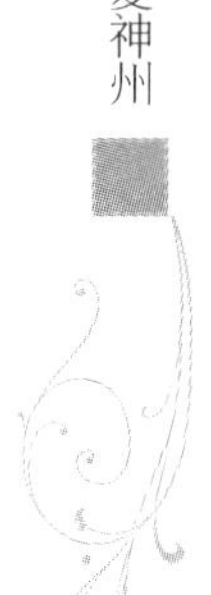

位于户部巷自由路的李记民间瓦罐煨汤，完全采用民间传统的煨汤方法，以瓦罐为器，精配食材再加以天然矿泉水为原料，以硬质木炭火恒温传导式六面受热，煨制达 7 小时以上，加工成既有民间传统特色又合乎现代人口味的美食。这里的莲藕莲子排骨汤、人参白果土鸡汤、牛蹄筋牛尾汤、鱼鳔甲鱼汤、百合鲫鱼汤、玉米排骨汤和党参乌鸡汤等上百种煨汤品种中，均精心调配进去多种名贵药材，吃过之后，不仅有一种返璞归真的感觉，而且还可强体补虚，益智提神，是极佳的养生补品。

千层饼——“千情饼”

“千层饼”可谓天下酥饼中的“大哥大”。这种饼在制作时，先将外边用一层面皮包起来，然后，再在里面叠上数十层1.5厘米厚的小饼，每一层小饼之间分隔得十分精细，其程度完全可以与瑞士手表相媲美。

吃“千层饼”不仅是一种美味享受，而且还可以增进夫妻之间的感情，曾一度被称为“千情饼”、“文君饼”。

相传，西汉才女卓文君与才子司马相如自由恋爱后，遭到了双方父母的强烈反对，可这对恋人却并没有屈服于这股强大压力，他们大胆冲破封建礼教的重重束缚，最终结为夫妻。婚后，为了能够过上安闲清静的日子，他们便逃离家园前往四川邛崃县，在那里开了一家酒肆，以卖酒为生。

刚到邛崃时，小夫妻之间倒是相敬如宾，夫唱妇随，卖完酒后，他们经常在一起研讨诗词歌赋，或者制作美食。司马相如爱吃油饼，卓文君就变着花样做各种油饼，以满足夫君的口味。

第二年，司马相如因才华出众，被友人推荐到京城长安做了一名学士。自从夫君辞别后，五年的时间一直杳无音信。可这五年的时间，对于卓文君来说，是何等的漫长，她朝思夜盼，望眼欲穿，期待着夫妻能够早日团圆。

这一天，卓文君终于盼到了夫君的一封来信。狂喜之余，她拆开信一看，却不由得流下了凄怆的泪水。原来这封信无头无尾，中间只写了“一、二、三、四、五、六、七、八、九、十、百、千、万”这13个数字。

卓文君饱读诗书，聪明过人，一想就知道这组数字中无“亿”，说明夫君司马相如在京城长安当官之后被女色所惑，欲另寻新欢，已“无意”于自己。于是，悲伤不已的她愤然提笔，仍旧套用来信中的数字，伴随着泪水写下一首绝唱千古的诗篇：

一别之后，二地相思，说的是三四月，又谁知五六年？七弦琴无心弹，八行书无可传；九连环从中折断，十里长亭眼望穿！百般思，千般念，万般无奈把郎怨！万语千言道不尽，百无聊赖十凭栏。重九日登高望孤雁，八月中秋月圆心难圆；七月半，燃香秉烛问苍天；六月酷暑，他人摇扇我心寒；五月榴花如火，偏遇阵阵冷雨摧花残；四月枇杷未黄，我欲对镜心已乱；急匆匆，三月桃花逐流水；飘零零，二月风筝线儿断；噫！郎呀郎，巴不得，下一世，你为女来我为男！

这首诗，从一写到万，又从万写到一，凄切缠绵，如泣如诉，深深打动了司马相如的心。于是，远在京城的他顿时打消了另觅新欢的念头，急忙驾着高车驷马去邛崃迎接娘子卓文君到长安团圆。

卓文君到达长安后，仍旧和过去一样，身系围裙亲自下厨为夫君烙油饼。这时，身感惭愧的司马相如也经常主动下厨去帮助，以弥补自己对娘子的亏欠。

为了让夫君永远铭记那段刻骨的教训，巩固夫妻之间的感情，卓文君有意将传统的油饼做成了层层叠加的“千层饼”。她首先将揉好的面团擀成薄片，分成若干块，接着，再在上面撒上食盐、香粉和香油，然后，将加工好的饼片一层一层叠加起来，从底部往上卷。

每做一层，卓文君就先吟咏一句数字诗，再往上面加调料。诗吟咏完了，饼的调料也上足了，放到鏊子上烧烤成熟后，吃在嘴里酥软油润，香脆可口。因为每一层饼都蕴含着卓文君吟咏的数字诗，蕴含着她的万缕柔情，所以这种饼被称为“千情饼”，或者“文君饼”。

如今的“千层饼”以优质小麦为面粉原料，用大盆和面时以老酵母头作面引子，反复揉、和，再擀成一层层薄片，每一层之间，还要涂上豆油、撒上花椒粉和细盐等调料，然后层层相压，制成一体。烙制时，一般使用平底铁锅，尽量以庄稼秆为燃柴。

“千层饼”烙熟后，外黄里暄，酥软油润，热食不腻，凉吃亦不散口，且味道香美，与那种半甜半咸的饼干的味道极为相似，但其别具一格的层层叠叠，香酥松脆的口感又在一般的饼干之上。这种饼外裹的苔菜粉不但香浓，而且味咸性寒，具有软坚散结，清热解毒之功效。然而，更绝的是，这种饼不管你怎么吃，食后令人口齿留香而绝不粘牙，这就是传统的奥秘，这就是精工细烤的神奇，难怪其独具魅力，酥酥脆脆地穿越了上千年时光而永久不衰。

位于户部巷43号的“张记千层饼”继承了河南千层饼层多丝细、松软耐嚼的特色。在创新的基础上，选用高级特精小麦粉、精炼色拉油，配合高科技生产工艺，再辅之以秘制香辣酱，使之成为人人喜爱的千层饼。

豆腐脑，来自来鹤楼上的血案

“豆腐脑”香甜可口、营养丰富、口感独特，且具有清火美容之功效，深受广大食客的喜爱。

在户部巷“过早”，吃过各种口味的汉味早点后，再喝上一碗细嫩香甜的豆腐脑，一定会让你感到口留余甘，心潮激荡。

说到豆腐脑，就不能不提豆腐的由来。相传，汉高祖刘邦的孙子淮南王刘安在寿春（今安徽寿县）为王时，非常醉心于长生不老术。为了能够长生不老，他从各地召集来许多术士为自己冶炼长生不老丹。

根据淮南王的安排，术士们于八公山下燃起熊熊的炉火，用黄豆和盐卤来炼长生不老丹。为了能够早日炼出“仙丹”，术士们手执拂尘，日夜坐在炉前冶炼。经过七七四十九天后，别的术士们一无所获，唯有一位张姓术士“炼”出了一堆白白嫩嫩的“仙丹”。

这些“炼”出来的白嫩之物到底是不是“仙丹”，张术士心里一点底也没有。为了进一步证实，他不得不亲自尝了一口——白嫩之物入口后，只感觉一股细腻鲜嫩的味道直沁心脾，虽非“灵丹妙药”，却美味可口、别有风味。后来，此物迅速传开，风行于世，人们称其为“豆腐”。有诗为证：种豆豆苗稀，力竭心已苦。早知淮南术，安生获泉布。

而脱胎于豆腐的豆腐脑，却又有着一段美丽而动人的传说：相传，在过去的安阳（今河南省安阳市）南关，有一座“来鹤楼”。据说，在建这座楼时，曾有一只仙鹤飞来落在楼顶上，因此，这座楼便被命名为“来鹤楼”。

这只仙鹤在楼顶停留了一小会儿后，展翅向南方飞去了，并从此一去不复返，只剩鹤楼空悠悠。当地百姓为纪念仙鹤的光临，便集资请金匠雕了一只金鸡来代替仙鹤，置在楼顶上。

金鸡安上楼顶上后，远远望去，只见它翘首仰望东方，金光闪闪，栩栩如生，如同一位威风凛凛的卫士守望着安阳城南关。每天黎明，天还没有亮时，楼顶上的金鸡就会发出“喔——喔——”的报晓声。

在“来鹤楼”里面，还有一眼古井，俗称“南关井楼”。井的四壁有一个固定在井帮上的镏金铜篦子，井里面的水只要经这只镏金铜篦子一过滤，水质就会变得清洁而且甘甜，所以当地的老百姓都喜欢吃这井中的甜水。有些远离安阳城的老百姓宁愿走几十里远的地，也要到这里来觅水吃。

然而，好景不长，就在一个月黑风高的夜晚，当劳累了一天的人们早已进入梦乡时，“来鹤楼”下突然出现了一个黑色的人影。此人一身黑衣，脸上还蒙着一块黑色的头巾，只能看到两只眼珠子不停地转来转去。

这时，四周万籁俱寂，只能听到谯楼上传来几声“咻咻”的打更声；一阵风吹来，“来鹤楼”下落尽了叶子的梧桐树发出“呜呜”的哀号声，令人毛骨悚然。

“黑衣人”站在“来鹤楼”下望了望，又朝四周环顾了一周后，才从后背掏出绳索朝楼上抛去……

不一会儿，“黑衣人”利索地来到了“南关井楼”的井下，开始用凿子凿井壁四周的镏金铜篦子。在凿镏金铜篦子时，尽管他十分小心，生怕声响惊醒了周围的居民，但却没想到，这沉闷的凿壁声还是惊动了楼顶上的金鸡。

正当“黑衣人”凿得起劲时，突然感到头顶上一阵阴风袭来，接着，自己的衣服被什么东西撕破了。慌乱之中，他定睛一看，原来是楼顶的金鸡在袭击自己。还没等他回过神来，勇猛的金鸡已经啄瞎了他的双眼。

这时，恼羞成怒的“黑衣人”举起铁锤奋力向金鸡劈头盖脸地打了过去——顷刻间，只见金星四溅，紫光满井，金鸡惨叫一声，脑浆迸裂，落地而亡。

井里的打斗声惊醒了附近一位卖豆腐的老汉，他赶紧起床开门一看，只见被啄瞎了眼的“黑衣人”正捂着脸慌慌张张地向这边窜了过来——见是盗宝贼，老汉气愤不已，急忙大声高呼：“有贼呀，快抓盗宝贼啊！”在他的呼喊下，邻居们纷纷起床，很快便将盗宝贼抓住了。

当邻居们将盗宝贼送往官府时，老汉点起灯走到井边一看，只见落在地上的金鸡早已脑浆迸裂，气绝身亡。看着为了保护全城人的饮水安全而献出宝贵生命的金鸡，老汉老泪纵横。他忍痛把金鸡的脑浆小心翼翼地从地上一点一滴地收集起来，带回了家，用清澈甘甜的井水泡在碗里供奉了起来。

说来奇怪，长时间泡在碗里的金鸡脑浆不但不会腐臭，反而如白莲花盛开在清水中一样美丽。这种奇特的现象让聪明的老汉受到了极大的启发，何不将金鸡脑浆放进豆腐糊中去，做成豆腐浆卖给人们吃呢？

第二天，老汉便将豆腐糊进行了改进，并将金鸡脑浆放了进去，做成了细腻白净的“鸡脑豆腐”，担到街上去卖，果然被人们抢购一空。后来，金鸡脑浆用完了，老汉便用卤水代替，制作出的豆腐浆一

样深受人们的欢迎。因为老汉的豆腐浆里放进了鸡脑浆，所以人们就将这种豆腐制品称作“豆腐脑”。

“豆腐脑”即“豆腐花”，又称“老豆腐”。豆腐花，是利用大豆蛋白制成的高养分食品。主要分为甜、咸两种吃法。一般来说，甜食主要分布于中国南方和中国香港以及中国台湾，而咸食则为中国北方人所喜爱。豆花制作须先将黄豆浸泡，依品种或个人喜好泡约4至8小时左右，等黄豆吸饱水分后再开始打浆、滤渣、煮滚。最后就是“冲豆花”，即冲入凝固剂后再静置5至15分钟左右才能完成。

豆腐为补益清热养生之食品，常食之，能达到补中益气、清热润燥、生津止渴、清洁肠胃之功效。现代医学证实，豆腐除了能够增加营养、帮助消化、增进食欲外，而且还对牙齿、骨骼的生长发育也有很大的帮助。此外，豆腐中所含有的甾固醇、豆甾醇等，均是抑制癌细胞的有效成分。

位于户部巷38号的“张记豆腐脑”，历史悠久，是这里最早的一家豆腐脑店。“张记”的甜豆腐脑、什锦豆腐脑采用优质黄豆秘制而成，其卤不泄，脑嫩而不散，吃在嘴里细嫩香甜，滑腻爽口。

而武汉的另一家名优小吃“厚生里”什锦豆腐脑，采用熬煮氽炖烩焖法，制作出的豆腐脑色白质嫩、多味醇香，受到食客的一致好评。

水煎包，定军山上的“杰作”

水煎包是我国传统的风味小吃之一。这种包子外形扁圆，上下呈金黄色，外酥里鲜，口感甚佳，因其馅不同，分为羊肉、猪肉、素菜等多个品种。

水煎包始于清朝光绪年间，扬名于民国年间，为“百年老包”。这种包子在制作时，先将配好的馅料面团放在左手中，然后用右手拇、食指捏着面皮转成折纹，直到收口后再在顶部逐个沾上芝麻和葱末。生包坯做好后，放入平底铁锅内煎少许时间，再加面水，后浇香油，翻一遍出锅即成。

其实，关于水煎包的由来，许多人只知其一，却不知其二。公元219年，已经取得西蜀的刘备准备进兵汉中。经过周密部署，他命令老将军黄忠和谋士法正打前阵，首先夺取曹军屯粮之地——勉县定军山。

黄忠和法正得令后，便带领大队人马，浩浩荡荡从西蜀直奔勉县而来。来到定军山，将士们首先在半山坡上扎下营寨，直等天黑，就要与曹军决一死战。

天快黑时，薄薄的雾气笼罩在定军山的四周，山脚下一片朦胧，唯有西方的天空现出一片光亮。这时候，曹军大将夏侯渊站在对面的山头朝西一望，只见定军山的半山间营寨绵延，旌旗遍布。

望着满山的营寨和旌旗，夏侯渊大惊失色："蜀军神速啊，如果不尽早除之，必将成为我军之大患。"

夜幕降临时，曹军大队人马，点着火把，来到蜀军营寨前讨战，可蜀军却紧闭营门，按兵不动。曹兵无奈，只得站在营门前高声叫骂，希望能够激起蜀军斗志，前来迎战。

曹兵在营门外骂个不停，蜀军营内却并没有歇着，将士们在整理盔甲兵器，而炊事员们正在忙着煎馒头。早在曹兵叫骂前，法正就提出了"坚守阵地，以逸待劳"之计，让将士们做好迎战准备，炊事员们加紧做饭，直等一声令下，蜀军就会与曹军决一死战。

由于蜀军将营寨安扎在半山坡上，离有水源的地方太远，以至于做饭的水出现了严重的短缺。为了节约用水，一个姓付的炊事员想出了一个绝妙的办法，那就是改蒸馒头为煎馒头。

炊事员们将馒头捏成柿饼状，放进铁锅中，先煎上一小会儿，然后再加水，浇油，直到包子变得色泽金黄，一面焦脆，三面软嫩，即可出锅。

吃完脆而不硬、味道鲜美的"水煎包"，将士们一个个赞不绝口，气力倍增。

蜀兵们吃饱喝足了，外面的曹兵也叫骂得疲惫不堪，锐气大减了。这时，法正将令旗一挥，蜀军顿时鼓角齐鸣，杀声震天。黄忠老将军一马当先，冲下山来，与正在碾盘上歇息的夏侯渊碰了个正着。

借着火光，见夏侯渊盔甲未披，刀未出鞘，黄忠趁势一刀劈了下去，将其斩杀。因老将军用力过猛，碾盘石竟被削去一角。曹军见主将已亡，无心恋战，四散奔逃……

蜀军全线出击，一举夺取定军山，取得了重大胜利。

后来，"水煎包"便在民间流传开来，并且经久不衰。相传，清代著名作家蒲松龄 32 岁时，因乡试再次未中，倍感失意，惆怅万分，于是携本邑乡绅高珩、唐梦赉等好友外出旅行散心，并且顺路探访民间传说和野史趣闻，继续为小说《聊斋志异》收集素材。

这一天，三人游历来到了凤凰城（今山东省利津县），在驿馆安顿好以后，见天色尚早，蒲松龄便带着高、唐二人一起去拜访这里赫赫有名，具有特异功能的鸿胪诗序班李见田。这个李见田颇有本事，被当地人称为“奇人”。据说有一次他在颜镇一处陶瓷场里看中了一个大瓮，和卖陶人讲了半天价钱，大瓮最终还是没有买到手。

第二天，卖陶人打开自家瓷窑，发现昨晚还没有出窑的六十多个大瓮全都不见了。谁有这么大的本事，能将这么多的大瓮一夜之间全部盗走？卖陶人百思不得其解。突然，他想到了李见田，难道是他所为？

来到李见田家，卖陶人再三恳求，李见田才说：“是我替你出了窑，一个瓮也没有损坏，魁星楼下的哪些不是吗？”卖陶人跑到魁星楼下一看，果然所有的瓮都在。魁星楼在颜镇的南山，离陶场有三里的路程，卖陶人雇人运了三天，才将那些瓮运回去。

蒲松龄对李见田的本事早有耳闻，而李见田对蒲松龄写作才能亦非常欣赏，过去二人之间也常有书信往来，但却从未谋面。此次两位相互敬慕的人儿得以相见，都特别高兴。为了表示敬意，“李奇人”便将三人带到本地最好的利津酒肆为他们接风——把酒问盏，觥筹交错，开怀畅饮，不亦乐乎。待到欲吃主食时，李大师说：“我请你们吃一顿本地名吃——水煎包吧。”

不一会儿，一盘焦脆嫩软的水煎包端上桌，品尝过后，蒲松龄盛赞不止，叹曰“利津水煎包可与周村烧饼齐名耳”。

以上均为传说，无从考评。其实，真正的水煎包，距今只有两百多年的历史，起源于利津县（古称“凤凰城”），现在主要以博兴县乔庄镇（蔡寨村）的水煎包最为出名。

利津，乃万里黄河入海的地方。明清时期，这里是海河陆路的交汇中枢和著名的商埠。商业的发达自然推动了美食文化的发展，于是，独具特色的水煎包便应运而生。到了民国五年，县城西街的卖水户刘明远、刘凤刚父子，将盐窝镇的水煎包师傅尚乐安请到了县城，办起了水煎包专营小店。

尚乐安来到小店后，对水煎包不断改进，使之达到了色味俱佳的水平，博得了顾客们的一致好评。当时在凤凰城流传着这样的一句顺口溜："刘凤刚开了张，别处的水煎包不吃香。"

从此以后，凤凰城里的水煎包不断发展，并形成了这里独特的风格：皮呈金黄色，酥而不硬，馅多皮薄，香而不腻，老少皆宜，堪称面食之佳品。

1996 年落户户部巷的"小文煎包"传承了利津煎包的特色，采用新鲜酵母发面，将无筋鲜嫩的牛后腿肉剁碎，再加少许鲜白菜丁和葱、姜、蒜、精盐、味素等佐料和着老汤兑汁调好馅，做成菊花瓣形状，在锅中煎成金黄色，食之筋道、醇香、不腻、可口。

而位于户部巷 9 号的大丫瓢煎包制作出的水煎包，底部一半是绵软，一半是焦脆，食之鲜嫩香软，回味悠长。

馄饨，美女西施的“私房菜”

馄饨是中国的传统美食，源于汉朝，发展至今，已经成为名号繁多，制作各异，鲜香味美的著名小吃。馄饨在全国各地有多种叫法——江浙等大多数地方称“馄饨”，而广东则称“云吞”，湖北称“包面”，江西称“清汤”，四川称“抄手”，新疆称“曲曲”等等。

馄饨在制作时香飘万里，因此，又叫“千里香馄饨”。“千里香馄饨”外观清澈，皮薄馅大，晶莹剔透，口感滑爽，是一种既有地方特色，又适合全国人民口味的食品。

馄饨据说还是美女西施发明的“私房菜”呢！

春秋末年，各诸侯国之间相互讨伐，相互吞并，整个中原大地发生了一场又一场惊心动魄的残酷战争。

公元前496年，江南的吴国和越国之间就发生了一场残酷的血腥大战。经过较长时间的激烈厮杀，结果越军大败，越王勾践也成了吴国的俘虏。

做了俘虏后，勾践因时时含垢忍辱，处处言听计从而深得吴王夫差的信任，很快便获得了回国的自由。

回到越国，勾践想使越国变得强大，他白天训练军队，夜晚卧薪尝胆，时时激励自己不忘国耻。

经过十年的发展，越国渐渐强大起来了，可要打败吴国，在实力上却还远远不够。于是，勾践听从了大夫范蠡的建议，决定使用“美人计”，将美女西施派到吴国去，送给夫差，让他整日沉溺于女色，荒废国事。

西施，本名夷光，春秋战国时期出生于浙江诸暨苎萝村。苎萝村有东、西两个村，西施家住西村，因为西村的人大多数都姓“施”，所以有了“西施”的称谓，意思是西村姓“施”的姑娘。

西施母亲早亡，父亲以打柴为生，家境较为贫寒。为了帮助父亲减轻家庭负担，她很小就开始从事一些力所能及的家务活——经常到溪边去浣纱、到厨房去做饭。当时的她怎么也不会想到自己会成为“美人计”的主角，被派到吴国去执行任务。

夫差自从得到西施后，果然终日沉迷于歌舞酒色之中，不再过问国事。

这年的冬至节到了，夫差在姑苏台接受百官的朝拜——搂着楚楚动人的西施，欣赏着舞池内优雅的歌舞，夫差心醉神怡。不一会儿，宫女们摆上了山珍海味，美酒琼浆，君臣们开始陆续坐上御席。

席间，看着早就吃腻了的山珍海味，夫差心中不悦，搁箸不食。看到这一幕，聪明伶俐的西施回过头来，娇嗔地说：“大王每日吃这些千篇一律的菜肴，也难免有些腻味，臣妾倒是可以做出一种新式点心来，让大王换换口味！”

夫差一听，眉开眼笑地说：“美人居然还有如此绝技，好，好，好，快去做来！”

“遵旨！”西施深施一礼，挪开轻盈秀步，离开“安乐宫”。

走进御厨房，西施和面又擀皮。不一会儿，擀好的面皮在她手中翻了几个花样后，像变魔术般包出了一种畚箕式的新式“点心”。将这种新式“点心”放到锅内稍煮片刻，待它们全部浮出水面后，再盛进碗里，加进鲜汤、撒上葱和蒜，趁热送到大王面前。

夫差一尝，味道美极了，便连声问道：“此为何种点心？”

西施暗暗好笑：这个昏君，成天浑浑噩噩，真是混沌不分，于是便随口答道：“浑沌。”

“馄饨！”夫差哈哈大笑：“好一个馄饨，味道好极了！”

从此，这种“点心”便以“馄饨”为名，流入民间。吴、越人民为了纪念西施的智慧和创造，还将“馄饨”定为冬至节的应景美食。

其实，关于“馄饨”的由来，还有另一种传说。相传，在汉朝时期，北方匈奴经常骚扰大汉边疆，搅得那一带的老百姓不得安宁。当时的匈奴部落中有两个首领，一个浑氏，一个屯氏。这两个首领十分凶残，烧杀抢掠，无恶不作，当地所有老百姓都对他们恨之入骨。由于北方人有包饺子的习惯，为了解恨，冬至那天，有人便将包饺子的面皮用肉馅包成角儿，取名“浑”与“屯”之音，呼作“馄饨”。将这些东西煮熟，吃进肚里，以解心头之恨。

若干年后，北方一直流传着吃馄饨的习俗，尤其是每年冬至这一天，几乎家家户户都要吃馄饨。因为做馄饨时香气四起，所以，又叫“千里香馄饨”。

后来，馄饨的制作技术被传到全国，经许多人的不断改进，才形成了今天独具特色的“千里香馄饨”。如今的“千里香馄饨”选取专用面皮做外包，再配以香肉馅，用香油、香汤熬制而成，食之爽滑清香，回味悠长。

位于户部巷45号的“千里香馄饨”，经过数番的研究改进，创制出了面皮劲道，馅大味好，汤鲜不腻的牛肉馄饨和皮薄馅多、入口爽滑的三鲜馄饨等众多的馄饨品种，深受广大食客和美食家们的欢迎。

糍粑，伍子胥的备荒粮

糍粑有些地方也叫年糕，用糯米制作而成，是我国南方一些地区流行的美食。按照南方的习俗，糍粑只有在过年前才能制作，以体现浓浓的年味；而吃糍粑，当然只有在过年的时候才能得到的一种美味享受。可是，在今天的户部巷，不论什么季节，都能够品尝到这种外脆里嫩，甜而不腻的美食。

据说冬至这一天将做好的糍粑用水漂起来，可一直保留到第二年春天也不会变质。这其中的奥秘，应该追溯到两千多年前的春秋战国时期。

相传春秋战国时期，楚国的伍奢（？—公元前522年，楚国椒邑人，伍子胥的父亲）和费无忌分别担任太子建的太傅和少傅。伍奢对太子建是赤胆忠诚、明镜可鉴，而费无忌却三心二意、心怀鬼胎。

这一年，楚平王让费无忌去秦国为太子建娶亲。费无忌看到那位秦国的女子十分美貌，就向平王献媚讨好，让好色的平王娶了那位美貌的秦国女子，另外给太子建娶了一个妻子。

自从做了那件荒唐事之后，费无忌整天忧心忡忡，担心有朝一日平王死去后，怀恨在心的太子建会杀掉自己。为了自己日后的人身安全，他就昧着良心极力诋毁太子建，说太子建和伍奢要谋反。

耳软心活的楚平王听信了费无忌的谗言，急忙派人追杀太子建。早已得知消息的太子建在伍奢的帮助下逃到了宋国。见太子建跑了，楚平王十分恼怒，命人将伍奢和伍尚（伍子胥的哥哥）杀害于郢都。

幸免于难的伍子胥逃到了吴国，吴王阖闾收留了他。几年后，文武双全的伍子胥帮助阖闾坐稳了江山，成了吴国的有功之臣。不久，他实现了自己的宏愿，率领吴兵攻破了楚国首都——郢。

进入郢都后，伍子胥没有找到楚昭王。于是，报仇心切的他就掘

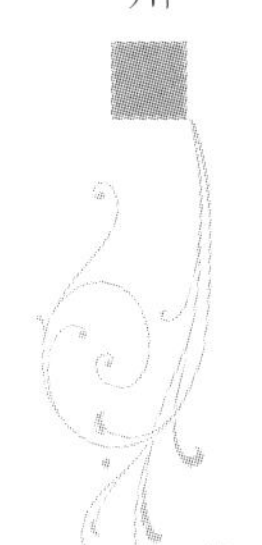

开楚平王的墓，拖出尸骨，用鞭子抽打了三百下。

伍子胥解完心头之恨后，正准备班师回国。突然，他原在楚国的好朋友申包胥派人来说：“你这样报仇，未免也太过分了吧！我听说你虽然人多势众，一时或能胜过天理，但天理最终还是要获胜的。你从前是平王的臣子，曾经面朝北亲自侍奉过他，现在竟然鞭打死人，这岂不是不讲天理到极点了吗？”

伍子胥叹了一口气，对来人说：“替我向申包胥致歉吧，就说我因为年事已高，而报仇心切，就像眼看要日落西山，却仍路途遥遥，所以才做出这种倒行逆施的事来。”

此后，伍子胥受封申地，并按吴王的旨意修建了著名的“阖闾大城”。城建成后，吴王大喜，唯有伍子胥闷闷不乐——他自知结怨甚多，恐日后有人难以容忍他。回营后，他对自己的亲信说，“大王喜而忘忧，不会有好下场。我死后，如国家有难，百姓受饥，在相门（苏州八个城门之一）城下掘地三尺，便可找到充饥的食物了。”

阖闾的儿子夫差继位后，不但不听从伍子胥的忠告，反而听信谗言，派人给伍子胥送去了一把“属镂”宝剑，令他自刎。接过宝剑后，伍子胥仰天长叹一声，语重心长地对自己的亲信说：“我死了以后，把我的眼睛摘下来悬挂在都城东门上，我要亲眼看到越寇入侵、吴国的灭亡。另外，千万别忘了，百姓受饥时，在相门城下掘地三尺！”说罢便刎颈而死。

不出伍子胥所料，他去世后不久，越王勾践乘机举兵伐吴。越国大军将吴国都城团团围住。当时正值年关，天寒地冻，城内民众粮尽米绝，饿殍遍野。正在危难之际，伍子胥的亲信想起了主人生前的嘱咐，便派人暗中挖掘相门城墙。挖到一定的深度后，人们惊奇地发现，城基的砖石居然全都是用熟糯米压制成的。原来，这是伍子胥在建城时有意将大批糯米蒸熟后压为城基砖块，储备

下来准备度荒的。大家将糯米砖石掘起、敲碎、蒸熟，分而食之，度过了最艰难的时期。

后来，在江浙一带，人们每到年底，便用糯米制成像当年“城砖”一样的糍粑，以此来祭奠伍子胥。至今，糍粑仍是江南各地人民每年春节前必做的美食。有的地方还将糍粑制作成圆形，象征着丰收、喜庆和团圆。

如今的糍粑仍旧沿袭了传统的制作方式，但在加工方式上却变得更加丰富多彩了——做好的糍粑可以炸着吃、烤着吃、蒸着吃、煮着吃……总之，不管采取什么样的加工方式，不仅会让你的舌头和牙齿得到一次美的享受，而且还会让你记忆中的年味得到一次彻底的重现。

位于户部巷26号的“小蒋糖糍粑”采用优质糯米粉、白砂糖、晶体冰糖花、精炼冰糖油、精炼一级大豆油等十几种配料精制而成。该店制作的糍粑色泽鲜亮，肥润香糯，外酥里嫩，甜而不腻，是招待客人、馈赠亲友的上等佳品。

糯米包油条，被“逼”出来的少女之智

“糯米包油条”，乍一听这个名字，就能让人很形象地猜测出这种美食的结构。的确如此，这种美食就是用白嫩的糯米包裹黄脆的油条制作而成的。

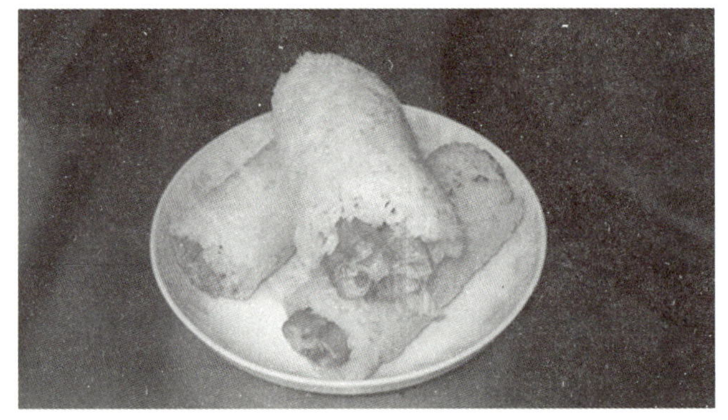

如今，在户部巷，“小江糯米包油条”被誉为具有武汉特色的早餐“三明治”。该店制作的糯米包油条，既保留了传统的甜味，又推出了咸味、酸辣味、怪味、肉味等多个品种，尽量满足各种不同口味食客的需求。

当食客们手拿透明纸裹着的“糯米包油条”尽情享用时，有谁会想起，这种小吃曾经是被“逼”出来的呢？

相传明永乐年间，在天沔（今湖北省天门市和仙桃市）一带，住着一位名叫周文彩的大地主。这位周老爷有千亩良田、万头牲畜，住的是豪华庄园，穿的是绫罗绸缎，光家丁门卫就有好几百号人。

给周文彩做饭的是一位名叫钱二的厨师。这位钱厨师已经在周家做了两年，在两年的时间里，为了能够满足吃腻了山珍海味、大鱼大肉的主子的刁蛮口味，他不得不绞尽脑汁来做各种美食，争取做到每日三餐不重样。

有一天，钱二将一盘凉拌的鸭舌端到周文彩的面前，喜形于色地说：“老爷，这是我杀了一百只鸭子，取下鸭舌为您做的凉拌鸭舌菜，您尝尝吧，味道独一无二！”

谁知周文彩看也不看，生气地说：“什么凉拌鸭舌菜，早在两年前就吃腻了。”他扬了扬肥硕的大脑袋，看了钱二一眼说：“限你在三日之内做出一样我没吃过的东西，如果做不出，就将你扔进襄水去喂鱼！”

钱二失魂落魄地回到家中，关起门来苦苦思索周文彩没有吃过的东西——天上飞的，地上跑的，都从他的脑海中一一晃过，可就是找不到一种能让主人满意的菜肴。眼看着三天的期限就要到了，钱二仰天长叹了一声，拿起绳索，准备自缢。

当钱二拿着绳索往厨房走去时，突然被他十五岁的女儿厨香拦住了：“爹，您要干什么？”

钱二看着女儿，泪流满面地说：“儿啊，爹做不出周文彩没吃过的东西，只有死路一条了。爹死后，你要好好照顾自己啊！”

“爹，您不必这样，女儿已经做出了周文彩没吃过的东西。”厨香当即拿出一个荷叶包说：“您明天将这东西送到周文彩那里去，保管他吃过后容颜大悦。”

“孩子，你就别安慰爹了吧，周文彩没吃过的东西连爹都做不出，你一个小姑娘岂能做得出？”钱二垂头丧气地说。

“爹，您难道还信不过自己的女儿吗？”厨香认真地说。

钱二叹了口气，接过荷叶包欲打开看看，可厨香急忙制止说：“爹，您千万别看，只管送到周家就是了！”

无奈，钱二只好听从女儿的话，将那个荷叶包送到了周家。

此时，周文彩正坐在饭桌前，等待着另外的一位厨师为他做美味佳肴。见了钱二，他有气无力地问：“做出来了吗？”

“回老爷，已经做出来了。”钱二提心吊胆地递上那个荷叶包说。

周文彩打开荷叶包，一股清香扑鼻而来。他仔细一看，只见里面一团洁白的糯米中包裹着一根金黄的油条，也不知是何食物，便拿起来咬了一口……

看着周文彩咽下最后的一口食物，咂着嘴坐在餐桌旁的椅子上一言不发，钱二的魂魄早已飞到了九霄云外。他猛地跪到地上，磕头如捣蒜地说：“下人该死，不该听信小女的谗言，将老爷吃过的东西送过来。”

没想到，周文彩马上将他扶了起来，哈哈大笑地说：“这东西我从来没有吃过，味道好极了。”周文彩转过身去，大声叫道：“来人，快快有赏！”

钱二心花怒放地回到家中，一见到女儿就迫不及待地问：“你给周大老爷做的什么好吃的东西啊？”

厨香笑着回答说：“糯米包油条。”

“什么，糯米包油条？”钱二百思不得其解。

看着爹十分好奇的样子，厨香笑嘻嘻地说出了事情的原委。原来，十几天前，她在家做午饭时，发现饭桌上还剩几根早上没有吃完的油条。看着仍然十分新鲜的油条，她想，扔了吧，怪可惜的，不如把它们放在锅内同米一起煮了，还可以吃哩。

厨香将油条放进饭锅中和着米煮了一会儿，再揭开锅盖一看，只见米饭和油条粘到了一块儿了。她急忙从锅中挖出一根沾满米饭的油条一尝，味道还真不错。第二天，深受启发的她又专门从街上买来油条和着糯米一块儿煮。没想到煮熟后的糯米包油条吃在嘴里不但很有嚼劲，而且还褪去了油条的油腻味，简直堪称人间美味。

听完女儿的介绍后，钱二既感到高兴，又感到惭愧：高兴的是自己居然有这么一个聪明能干的女儿，惭愧的是自己做了一辈子的厨师，竟不如一个十五岁的小姑娘。

此后，他将女儿创造的糯米包油条的做法带到周家去，继续为主子服务。为了做到不重味，他将原来油条和糯米放在一起煮的方法，改成了先将糯米蒸熟，再将油条放在糯米饭上，并在里面添加各种佐料，卷起，两头包入，旋紧，逐渐形成了“糯米包油条”的饮食系列。

今天的“糯米包油条”不仅品种繁多，五味俱全，而且还采用透明保鲜膜包裹在外面，做到既卫生，又不黏手。

在户部巷过早，随手拿着糯米包油条，一边走，一边吃，吃完后，再喝一杯温热的豆浆，简直就是一种神仙般的享受。

粥，泪洒河岸边的撼动

翻开中华民族五千年的文明史，从尧、舜、禹到鼎盛时期的唐朝，从强大的元朝到没落的清朝，从战乱的民国时代到代表了各族人民利益的中华人民共和国的建立，我们几乎在每一历史阶段都可以闻到浓浓的粥香。

粥也称糜，是一种把稻米、小米或玉米等粮食煮成稠糊的食物。粥，是中国人的传统食物。五千年来，这种饮食在中国人心中的地位始终是无法动摇的。

关于粥的文字记载，最早见于周书：黄帝始烹谷为粥。早在两千多年前，粥主要为食用。到了西汉时代，名医淳于意便开始将粥作为药用。汉代医圣张仲景在《伤寒论》中说：桂枝汤，服已须臾，啜热稀粥一升余，以助药力。这是对粥的药用价值的例证。隋唐以后，粥的功能更是得到了进一步地提升——人们将粥的“食用”功能和“药用”功能高度融合，让这种特殊食物进入了带有人文色彩的“养生”层次。宋代苏东坡有书帖曰：夜饥甚，吴子野劝食白粥，云能推陈致新，利膈益胃。粥既快美，粥后一觉，妙不可言。南宋著名诗人陆游曾作《粥食》诗一首：世人个个学长年，不悟长年在目前。我得宛丘平易法，只将食粥致神仙。这些文字将世人对粥的认识提高到了一种新的境界。

其实，关于粥的由来，民间曾经流传着一段感人肺腑的故事：公元前 1685 年，夏朝的最后一个君王夏桀是历史上有名的暴君，他不仅生活奢华，而且还十分好色，自从得到美女妹喜后，他就下令征集民夫，重新建造一座华丽高大的宫殿——倾宫（该宫殿高耸入云，仿佛倾倒一般，所以称“倾宫”），以便观光享乐。

这一年，黄河流域连降暴雨，致使河水猛涨，淹没了众多的农田和民居。洪水退去后，正当百姓们忙着重建家园时，朝廷却发出告示：中原所有青壮年男夫，一律前往阳城（今河南登封），为国君建造倾宫。

在豫州东部（今河南省开封市）乡间，住着一户贫苦农家。由于地处黄河南岸，这次的水患，他家也没能幸免。这一天，刚刚结婚不久的儿子孟良和新媳妇江花正忙着修建被毁的房屋，突然，朝廷的官兵喊着告示从村中走过……

听着告示，江花一阵心寒。她放下手中的活，快步跑上前去，拦住官兵的去路说："我夫君刚刚新婚不久，能不能免去这次徭役？"

官兵看了江花一眼，轻蔑地说："免去徭役？你去找当朝国君吧，我没这个权力！"

第二天，孟良还是背起行囊出发了。江花将他送到村口，并顺手从路边摘了一朵百合花递过去，泪水涟涟地说："此花象征百年好合、百事合心，夫君好好收藏吧，见到它，就如同见到了为妻！"

孟良接过百合花，哽咽着说："娘子放心，为夫会好好收藏的！"

孟良走后，一家人的生活负担全落在了江花一个人身上。为了生存，她只好到黄河岸边采些野花拿到街上去卖，或者帮人家洗洗衣服，赚点铜钱，来买米、买柴。尽管她这样拼命苦干，累死累活，还是无法让公公和婆婆吃饱肚子。

一天，江花到黄河岸边采花时，突然感觉腹中饥饿，可这前不着村、后不着店的荒野，哪里有吃的呢？饿极了，她干脆掐了一枝野花放进口中吃了起来。嚼过一阵后，她才知道野花不仅有着诱人的香味，而且还有着爽口的甜味呢。如果将野花放进米中一起煮，岂不是可以省出许多粮食来吗？

以后的日子里，江花尽量多采一些野花，一半拿到街上去卖，一半用来当粮食吃。就这样一晃三个月的时间过去了。

眼看寒冷的冬天就要来了，黄河岸边的野花也开始凋谢。没有了野花，以后的日子可怎么过哟？远在阳城的夫君也一直杳无音信。望着衰败的大地，想着远在阳城的夫君，江花不由坐在地上伤心地哭了起来……

江花坐在地上直哭得天昏地暗，死去活来，流下的泪水打湿了脚下的一大片土地。直到天将黑时，她才止住哭声，擦干眼泪，站起身准备回家。

她刚站起身，猛地往地上一看，只见河岸边一下子长满了洁白的百合花。看着满地的百合花，江花转悲为喜，迅速采满了一竹篮，背

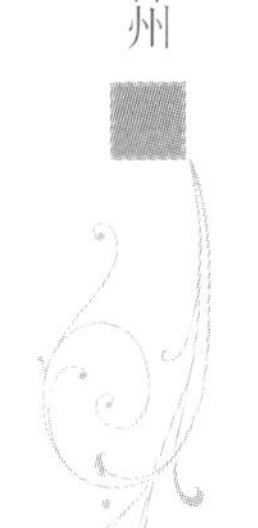

了回去。

第二天，江花又去采回来一大篮野百合花。正准备做饭时，突然婆婆的心疼病犯了。于是，她慌忙将米和野百合花放进锅中，又加了满满一锅水，再往灶膛里添进去许多柴后，出门请郎中去了。

等她请来郎中，为婆婆看完病后，再跑到厨间揭开锅盖一看，只见锅内满是浓浓的汤汁混合着白白的米饭和白色的野百合花。这时，她顾不得多想，急忙盛了一碗端到了婆婆的面前。婆婆尝了一口，只感觉软软的、黏黏的，带着一丝丝甜味，入口即化，味道好极了，忙问："这是什么饭？"

江花本来想说："煮的饭。"可她刚说了一个"煮"字，耳朵不好使的婆婆就急忙抢过话头说："原来是'粥'啊，太好吃了！"

一年后，孟良服完徭役回到家乡，夫妻俩便在离家不远的小街上开了一家粥店。从开业的那一天起，来小店吃粥的人络绎不绝，大家都夸江花煮的粥绵软滑润，清淡可口，乃人间美味。

后来，经过不断地演变和发展，粥不仅用于饮食，而且还用来养身。

据传清朝康熙十六年（公元 1677 年），康熙皇帝为体察民情，第五次离京微服私访。这年秋天，康熙携随从来到广州时，不慎路染风寒，经当地郎中多次医治，却总是不见好转。

皇帝染疾久治不愈，两广总督金光祖更是心急如焚，他急忙下文通告岭南各路名医前来为皇上疗疾。不久名医们一个个陆续赶来，可不管他们使出怎么样的看家本领，就是没能治好康熙的风寒。正当金光祖感到束手无策时，有人告诉他梅州乡间有一对年逾八旬的阿公阿婆擅长熬粥，老两口所熬之粥乃祖秘方配制，吃过后，除了滋润可口外，还能养生健体、消病祛疾。

听说有这样的高人，金光祖非常高兴，急忙派专人把这对阿公阿婆接到总督府，并按要求架起了锅灶，精选岭南特有的乌梅为主料，再配以其他辅料及若干味中药。准备好一切后，阿公阿婆坐在灶前，慢慢煎熬，经过几个小时的时间，终于熬制出了一锅飘着药香的养生粥。

熬好的养身粥送过来时，康熙皇帝小啜一口，顿感神清气顺。随后，三碗粥下肚，血脉顿开，印堂发亮。没出三天，康熙皇帝便精神大振，病体痊愈了。

其实，粥的美妙之处在于它介于饭、菜和汤三者之间，既有饭的饱腹之功、菜的美味爽口，也有汤的营养开胃之效。每日早起，食粥一大碗，使肠胃得到滋养，不仅不会增加消化系统的负担，而且还不会导致肥胖，实为饮食之妙诀。

今天的粥在传统的基础上，已经变得品种繁多，丰富多彩了。不仅有用于保健的养心粥、养肝粥、养脾胃粥、养肺粥、养肾粥、养颜粥等，还有代表喜庆的甜浆粥、胡萝卜粥、番薯粥、燕麦粥、绿豆粥、胡桃粥等。

在寸土寸金的户部巷，同时拥有“高胖子粥店”、“四季美粥店”、“粥公菜婆养生坊”三家粥店。他们熬出的粥黏稠软滑，可口清甜，喝过后让人齿留余香，回味无穷。

米酒，孝顺酿出的“神霖”

武汉的汉味早点不仅品种繁多，口感独特，而且在吃法上也颇有讲究。比如：糊汤粉配油条、热干面配米酒、软饼配稀饭等，武汉人称“干湿搭配”。

在户部巷过早，当然少不了来一碗热干面，这时，如果再配上一碗清香甘甜的米酒，吃出来的不仅仅是五味调和，更是一种别样的情趣。

米酒，又名醪糟。古人叫“醴”，又叫酒酿、甜酒、烧酒等。这种饮食的主要原料是江米（糯米），所以也叫江米酒，在北方一般称它为“米酒”或“甜酒”。

米酒的历史十分悠久，据说是董永的亲戚董良创制的。

相传董永的亲戚董良，是一个非常孝顺的青年。因为家庭贫困，又要照顾年迈的老母，他只好选择了到离家十多里远的一户财主家去做短工。刚去时，地里的农活不是太忙，于是，他就每天回家一趟，将在财主家省下来的一碗饭带回去孝敬老母。

一个月后，地里的农活渐渐忙了起来，他一连几天都不能回家，省下的饭当然也无法带给母亲。无奈，他只好将这些米饭暂时存放在木盆中，等有空闲时再带回家去孝敬母亲。

眼看着天气一天比一天炎热，如果这些米饭放的时间太久，肯定会变质变馊。看着木盆中的米饭，董良愁肠百结。正当他急得不知如何是好时,财主突然叫他过去将一个多年不用的陶坛拿到外面去扔了。

看着还完好无损，只是有些陈旧的陶坛，董良眼前一亮。他看了财主一眼，小心翼翼地说："老爷，这个坛子还好好的，为什么要扔掉呢？"

"这样的坛子家里多的是，用不上的当然只有扔掉了。"财主回答说。

"扔了怪可惜的，不如就留给我吧！"

"既然你看得上，就拿去吧！"

董良得了陶坛如同得到了宝贝一样，急忙将坛子的里里外外都洗得干干净净，然后将盆里的米饭全部放了进去，再灌进井水，封好口。

十天后，地里的农活总算轻松了许多。这天，心中时常牵挂着母亲的董良便向财主请了假，带上那坛米饭，风尘仆仆地往家赶。刚进村口，他就见一个衣衫破烂的人躺在自家门口——走近一看，原来是个饿昏了的叫花子。

董良走进家门，见母亲正坐在家中满面愁容。见母亲已经饿成了这样，他一阵心酸，急忙打开陶坛，准备将里面的饭给母亲吃。正忙碌间，母亲却有气无力地发话了："儿啊，不要管为娘，救人要紧！"

董良看了看两眼深凹的母亲，含着泪点点头。可当他打开陶坛从里面掏出米饭时，却闻到了一股浓浓的酒味。这时，他犹豫了，这样的饭怎么能吃呢？但转念一想，现在唯一能吃的食物就是这点饭，如果再迟疑，这位叫花子可能就没命了。于是，他干脆在饭里加了点热茶，用筷子搅拌后，喂给这位叫花子吃。

过了一会儿，叫花子醒过来了，咂吧着嘴说："不错！很好吃！"，说完将手向空中一抓，抓到一张写满字的纸片递给董良，然后，哈哈大笑一声，就一下子无影无踪了。

董良惊呆了，好一阵子才回过神来。他再仔细看了看手上的纸片，原来是一张方子，上面写着如何寻找芝麻花、马尾草做神药再以糯米和水为主原料制作米酒的方法。再往下看，底下还附有诗文“酒曲要用神药草，喝了米酒病就好。神水做酒酒最美，卖与世人添富贵”。

根据纸片上的配方，董良很快便做出了清香甘甜的米酒，挑到街上去卖，果然深受老百姓们的欢迎。从此，他便辞去了财主家的短工活，专门干起了卖米酒的行业，并很快发家致富，与母亲过上了幸福的生活。

后来，米酒便在董永的故乡孝感（今湖北省孝感市）流传了下来。传说宋太祖赵匡胤路过孝感时，专程品尝过这里的米酒，并将这种饮食誉为“神霖”。

今天的米酒已经成为我国民间的一种独具特色的传统小吃。这种小吃不仅老少皆宜，而且不受时令的限制，一年四季均可享用，因此深受大众的喜爱。

米酒的做法是先将糯米浸胀，淘干净，用甑桶蒸成干饭后，摊于竹匾之上，用凉水浇淋，使米饭松散而不黏结，然后将酒麯碾碎拌匀入缸。为促使其发酵，酒缸须保温。三四天后，视酒渗至半酒涡，即可放水（必须是冷水），米和水的比例按重量以各占一半为宜。放水后一两天，酒料表面会出现花纹细裂，这时就用棍棒搅拌，俗称“开挦”。搅拌的次数不宜太多，一般三次为宜，搅拌好后，无需再动，只等一月的时间满后，开缸即可饮用。

位于户部巷自由路的“万氏米酒”以优质糯米为原料，采用传统的发酵剂配制而成，饮之，醇香甜润而不酸涩。特别是这里用来泡米酒的禽蛋，全是来自乡间的正宗土鸡蛋。加工时当场叩破，冲成蛋花米酒，黄白相间，甜润可口。

烤鱼，“考”不住博学的诸葛亮

烤鱼，应该说自从人类学会使用火以来，就已经产生了。但远古时代的烤鱼只是简单地将鱼放在火上烧烤，直到熟透后，就开始食用。可是，这样的烤鱼，由于在火上烤的时间太久，不仅使鱼肉的营养成分大打折扣，失去应有的鲜嫩，而且，一旦离开火后，鱼就会马上变得僵硬，吃起来如同嚼蜡。而今天的烤鱼采用干锅烤制法，不但克服了远古时代的缺点，而且，还配合多种菜肴，让这种小吃变得更加美味可口。

据说采用干锅烤制法烤鱼，还是三国时期诸葛亮的娘子黄月英创制出来的哩。

相传隐居隆中时的诸葛亮，英俊潇洒，风流倜傥。他上知天文下懂地理、琴棋书画样样精通，惹得很多荆襄名媛对他暗恋不已。

这天，沔阳（今湖北省仙桃市）名士黄承彦主动找上门来。宾主客套一番后，黄承彦开门见山地对诸葛亮说：“我听说先生在挑选媳妇，我有一个女儿，名叫黄月英，黄头发、黑皮肤，人虽然长得丑了点，但知识广博，才情与你不相上下，你看怎样？”

诸葛亮从未见过黄月英，只听说她生得奇丑无比：眼睛细得像柳叶，耳朵长得像牛刀，嘴巴大得像葫芦瓢……现在，听黄承彦这么一说，更加证实了外界的传言。于是，不情愿的他索性坐着不吱声。

见诸葛亮半天不言语，黄承彦心知肚明，既然人家不愿意，又何必勉强。于是，临走时，黄承彦客气地对诸葛亮说：“欢迎诸葛先生到寒舍去做客啊！”

诸葛亮将黄承彦送到门口，拱手还礼说：“一定！一定！”

几天后，诸葛亮按捺不住满腹的好奇之心，决定到黄承彦家去看一看。经过三天的长途跋涉，他好不容易来到沔阳，找到了黄承彦的家。

诸葛亮刚走到门口，还没来得及叩门环，突然从虚掩着的大门内跳出两只大狼狗，咆哮着向他扑来。这突如其来的祸事吓得他心惊胆战，两腿发麻。正狼狈间，门里一下子跑出来一位蒙着红盖头的妙龄女子。女子掩嘴轻轻笑了两下，然后，伸出纤纤素手朝两只狼狗的头拍了一下，霎时两只猛犬就停止了扑跃之势。不一会儿，女子再把它们的耳朵拧一下，两只凶猛的大狼狗竟然乖乖地退到廊下蹲了下来。诸葛亮仔细一看，原来两只猛犬都是用木头制作的。

诸葛亮刚一进屋，正在屋内等候的黄承彦就哈哈大笑了起来："那两只玩犬让先生受惊了吧？"

"虚惊一场！"诸葛亮看了看黄承彦，好奇地问："请问黄大人，是哪位能工巧匠制作出的这么神奇的木头犬？"

"这是小女没事时闹着玩的，不想惊了先生，真是抱歉得很啦！"

诸葛亮吃了一惊，心中不由盈盈一动，没想到这位黄小姐居然有如此奇才，看起来，是自己只听传言，错看才女了。

在黄家住了一宿，第二天，诸葛亮便早起告辞。临行前，黄月英依然蒙着红盖头出门相送。行至襄水边时，黄月英突然问诸葛亮："我听说先生满腹经纶，整天都在想着治国平天下的大事，能向先生请教一个问题吗？"

此时，诸葛亮已对黄月英刮目相看，忙回答说："亮不才，不知小姐要问什么样的问题？"

"我一个小女子，虽不懂行军打仗的事情，但也知道兵马未动、粮草先行的道理，我只想向先生请教两个小问题：一是行军打仗中士兵们不能光吃素，如果他们想吃鱼怎么办？二是如果在山区打仗，走栈道爬山路，如何保障粮草的运送？"

这两个问题还真把诸葛亮难住了。他平时思考的都是打天下、治国家的大问题，哪里想过这么细小的问题！于是，只好如实地回答说，现在一时想不起来，等回去后想好了再回答她。

回到家，诸葛亮关起门来绞尽脑汁，冥思苦想，终于想明白了黄月英的两个问题：把鱼烤熟带着，可以保障军队有鱼可调剂饭菜；研

制木牛流马，可用于山区运送粮草。

两个问题都想通了，诸葛亮立刻又到了黄家。

再次见到黄月英，诸葛亮忙将两个问题和盘托出。没想到黄月英听后，只是轻轻一笑说："先生真不愧是当今栋梁之才，居然连这么难的问题也思考得出，今晚就以烤鱼招待先生吧！"

诸葛亮哈哈一笑说："我知道小姐的良苦用心。其实，制作烤鱼和木牛流马，都是伊的拿手好戏，之所以出这样的问题考我，完全是出于毛遂自荐！"

黄月英一激动，竟不由自主地揭下了头上的红盖头。这时，出现在诸葛亮面前的完全是一个不折不扣的标致大美女。原来，外面关于黄月英奇丑的传言，都是沔阳女孩子们的嫉妒之言。

当晚，黄月英就和诸葛亮一起做起了烤鱼。黄月英从厨间搬出炉灶，又拿出一口铁锅。诸葛亮不解地问："烤鱼用铁锅做什么？"

黄月英微微一笑说："这叫干锅烤鱼，采用这种方法可以避免鱼与火的直接接触，保留烤鱼的鲜嫩和热度。"

不一会儿，鱼烤熟后，诸葛亮夹起一块来，放入口中一品尝，果然鲜嫩可口。第二天，天刚蒙蒙亮，诸葛亮便雇了一辆牛车把黄月英娶回了家。

可惜后来，木牛流马和烤鱼的制作方法失传了。

直到上个世纪 90 年代末，武汉市江夏区的张智慧、张志新两兄弟来武汉城区创业。经过半年的市场调查，他们发现武汉市的街头巷尾到处都是烧烤摊点，而且生意不错。于是，张氏兄弟俩便准备试着将烧烤与鱼结合，做出一种新的美食来。为研究烤鱼，两人查阅了多部营养滋补和菜品制作方面的书籍，走访了多位烹饪专家，并结合多年的厨艺经验，总结出了一套自己的方法。经过又一次的市场调查，他们发现很多人爱吃烤鲫鱼，把鱼烤好后，用餐盘装起来，趁热吃时味道还很好，但酒过三巡就会发硬、无味。张氏兄弟发现这个问题后，受诸葛亮烤鱼的启发，决定以这个产品为依托，创造出自己的产品。经过逾百次的试验，他们终于在 1998 年成功推出干锅式烤鱼——小张烤鲫鱼。这种新的烤制方法不仅解决了菜品易冷、易失味等诸多问题，而且所采用的独特配方，还能使鱼肉保持鲜嫩爽滑，酥香可口。

得到市场的认可后，他们将发明的烤鱼产品和炉、盛具迅速注册了发明专利和商标。由于“鱼”字是餐饮通用词汇，不能作为餐饮注册商标，故注册了“小张烤鱼”商标，并成立“湖北小张烤鱼餐饮有限公司”，简称“小张烤鱼”。

小张烤鱼自 1998 年问世以来，经过十多年的发展，到 2010 年，在武汉已有 500 平方米以上直营店十余个，并在全国开了多家连锁店。其中，坐落在武昌司门口户部巷的总店面积逾 2000 平方米。

今天的“小张烤鱼”已经成为户部巷烤鱼的代表，成为武汉人向外界介绍当地特色风味菜肴的代表，并一直占领特色餐饮类市场的领先地位，并先后获得了“中国名店”、“中国名菜”、“江城名菜”和“特色示范单位”等诸多荣誉称号。

东坡饼，四眼泉水制出的酥脆

东坡饼用精白面粉精制而成，是湖北地区人民最喜爱的传统美食。这种饼讲究圆、黄、酥、脆，外表呈褶皱小山包形，看上去仿佛层层扁条盘绕在小山包上。将刚出锅的饼置于瓷碟中，再撒上一层白砂糖，则又如金色的小山包上降满了淡淡的白霜。拿起一个放入口中，食之油而不腻，焦脆爽口，甜蜜中透出一股淡淡的幽香。

“东坡饼”顾名思义是为纪念苏东坡而命名的：

相传在北宋神宗元丰二年（公元 1079 年），文渊阁大学士苏东坡因与丞相王安石意见不合被贬黄州，任黄州团练副使。苏东坡本名苏轼，字子瞻，号东坡，因仕途上受到打击，很不得志，自号“东坡居士”，并发出了“崎岖草棘中，欲刮一寸毛”的感慨。

苏东坡在黄州生活了四年多的时间。在这四年多的时间里，他曾经多次游览黄州赤壁，在赤壁矶头歌唱大江，并先后写出了极负盛名的不朽之作《念奴娇·赤壁怀古》和前、后《赤壁赋》。在这里，他除了“赤壁之游乐乎”外，还经常去隔江相望的西山游览。

西山有青龙和白虎两座山峰相互环抱，景色优美，被誉为“西山第一名胜”。其中，在青龙山下有一座灵泉寺，寺内有“涵息”、“滴滴”、“活水”、“菩萨”四眼泉。四眼泉里的泉水色清而甘甜，四时不竭。

一天，苏东坡又来到西山浏览。饱览青龙和白虎两座山峰的美景后，他来到了灵泉寺。

灵泉寺的和尚们对这位峨眉名士崇拜不已，便特地制作了一种油炸饼，来款待他。当一盘颜色淡黄、玲珑剔透的油炸饼端上桌后，苏东坡仔细观赏了良久，才拿起一个来放进嘴里。

吃完后，苏东坡咂了咂嘴问和尚："此为何种饼，为何这般好吃？"

和尚慢条斯理地答道："阿弥陀佛，出家人食素不食荤，故而弟子们大都会做饼，用上好的面粉再加上含有丰富矿物质的四眼泉水制作成面饼，不需要任何酵母之类的发酵物，就能做得又酥又脆。"

苏东坡听罢，连连叫绝，并要和尚取来文房四宝，当场对饼挥毫，画了一饼，并写上"东坡居士"四字。

画上的饼与真饼一模一样，和尚们看了后齐声喝彩。其中有一瘦和尚看到画饼上的字，突发灵感说："我们的饼还没有起名字呢，不如就叫'东坡饼'吧！"

其他和尚也纷纷叫道："好，就叫'东坡饼'！"

于是，这种饼便被正式命名为"东坡饼"。

第二天，苏东坡携灵泉寺长老赠送的一篮"东坡饼"去了黄州赤壁附近的承天寺和定惠院。这两家寺院的和尚吃过"东坡饼"后，连连称奇，便纷纷效仿。后来，这种饼自然便成为这一带和尚、道士们的斋品。

到了明清时期，东坡饼便传入民间，渐渐成为黄州府的地方名吃，并一直流传至今。

据说，清朝同治三年（公元 1864 年），两湖总督官文来到西山游览时，吃过"东坡饼"后，不禁感到十分惊讶，便向灵泉寺僧人问道："没想到世间竟有如此好吃的美食。不知这饼叫什么名字？"僧人答道："此饼叫'东坡饼'。"官文立即写下一副对联称赞道：门泊战船忆公瑾，屋来茶语续东坡。

新中国成立后，党和国家领导人董必武、李先念、陈毅等曾先后在西山古灵泉寺品茗尝饼。20 世纪 50 年代初，古灵泉寺方丈融广法师请本寺素斋烹调高手融和法师亲制东坡饼一盒，奉献给毛泽东主席，当时的中共中央办公厅还曾专门复函致谢。

东坡饼在制作时，取西山矿泉水1250毫升倒入面中，揉和好，擀成直径为23厘米的圆片，上倒香油，用手抹匀，然后相对地由两边向中间卷成如意形长筒，从中间扯断，每卷成约39厘米长、54厘米宽的长条，再抹上一层香油，从一端卷成圆筒，夹起，用手按一下，再擀成直径为17厘米的圆饼。

将做好的饼放入油锅中炸至浮起，炸时用筷子搅动，使饼酥裂开。炸好出锅后，撒上白糖即可食用。

东坡饼流传千年，经久不衰，一直是湖北地区广泛流行的特色风味小吃。2003年，东坡饼被户部巷管委会邀请入驻该巷。如今，户部巷中的东坡饼以其营养丰富、多食不腻、香酥焦脆等特点而深受消费者的青睐。

云梦鱼面，一盘鱼肉泥的"过失"

"云梦鱼面"主产于湖北省云梦县，并因此而得名。这种面是用面粉和青鱼、鲤鱼及草鱼的鱼肉为主料制作而成。因其营养丰富，易于消化，且具有益气补血的作用，又被人们誉为"长寿面"。

"云梦鱼面"始产于清朝道光年间，历史十分悠久。

相传清朝道光年间，在云梦城里有个"许传发布行"。由于该布行老板为人和气、童叟无欺，因此生意十分兴隆。看到每天来这儿做生意的外地商客很多，老板就又另外开办了一家客栈，以方便外地生意人。

客栈里有一位厨艺出众的黄厨师，这位黄师傅擅长红、白两案，尤其擅长做鱼丸子和汤面。一天，黄厨师在案板上和面时，不小心碰翻了放在案板上的一盘鱼肉泥。这些鱼肉泥本来是用来做鱼丸子的，可现在却全部洒在了案板上的面粉里……

看着裹满了面粉的鱼肉泥，黄厨师一阵懊悔。他拾起碰翻的瓷盘，准备将这些不能再用的鱼肉泥收拾起来倒掉。当所有的鱼肉泥收拾进盘子时，他才发现，案板上的面粉也少了许多。本来倒掉这些鱼肉泥就十分心疼，现在还要搭进去许多的面粉，岂不更心疼。

这时，黄厨师突然灵机一动，索性将鱼肉泥再次倒进面里一起揉，揉好后再擀成面条放进锅中煮熟。当一碗碗和着鱼肉泥的汤面端上桌，客商吃过后，个个赞不绝口，都夸此面味道鲜美。

本来是无心插柳，将错就错，没想到却做出了这种让客商们赞不绝口的新饮食。于是，黄厨师干脆如法炮制，天天为客商们做这种"鱼面"。久而久之，黄师傅的"鱼面"便成了客栈里的知名特色饮食。

又有一次，客栈里的好几位客商说好了要吃黄厨师做的"鱼面"的，可因临时有变，他们一个个都提前离开了客栈，这样黄厨师做的面条就剩下了许多。由于当时天气炎热，这些剩下的面条如果放到第二天，肯定会变质。于是，黄厨师就干脆将它们晒干，存放起来。

几天后，当黄厨师将那些晒干的"鱼面"拿出来再次煮熟端给客

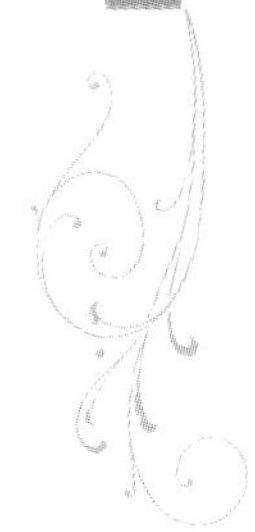

商们吃时，他们一个个更是赞叹不已，都夸这晒干的“鱼面”比现做更可口。就这样，在不断的摸索和改进之中，风味独特的“云梦鱼面”终于成为一方名点了。

其实，“云梦鱼面”之所以味道鲜美，主要是得益于云梦所具有的得天独厚的物产资源条件。

湖北云梦自古就是盛产鱼鲜的好地方。《墨子·公输篇》曾记载：荆有云梦，犀兕麋鹿满之，江汉之鱼鳖鼋鼍为天下富。而云梦民间又流传着这样的歌谣：“要得鱼面美，桂花潭取水，凤凰台上晒，鱼在白鹤咀。”说的是城郊有一“桂花潭”，该潭潭水清澈见底，水味甘美；“凤凰台”距桂花潭不远，地势高阔，日照持久，草木繁茂，鲜花盛开，空气清新，在这里制作鱼面，用料（鱼）、取水和干化都十分便捷，可谓“就地取材，就地制作，得天独厚”。而在城西府河中“白鹤分流”处，所产的鳊、鲤、鲫等鱼鲜，鱼肥味美，是上乘之水产，非常适合制作鱼面。

据说，当初偶然制成了鱼面的黄厨师，后来在客栈专门潜心研制这种面点。为了让鱼面的口感更纯正，他首次采用“白鹤咀”之鱼做原料，并用“桂花潭”之水和面，再加入海盐，加工好后放置在“凤凰台”上晒干、收藏。

经过精心制作的鱼面，不仅用来招待客商，“许传发布行”的老板还用来作为礼品，馈赠来自全国各地的布客，使得“云梦鱼面”广为流传。1915 年，云梦鱼面在巴拿马万国博览会参加特产比赛获“优质银牌奖”，产品畅销全国及国际市场。2003 年，云梦鱼面正式进驻户部巷，成为武汉户部巷众多小吃中的一员。

云梦鱼面有两种吃法：一种是面条做成后即时煮熟，加上佐料，即可进食；另一种是面条做成后晒干包装起来，可以长期贮存，吃时煮熟即可。

如今，户部巷里的云梦鱼面完全采用“白鹤咀”之鱼加工制作，晒干后，面色银白，光滑油润，炸食素口焦脆、炒食柔软爽口、煮食绝不粘连，食之爽滑鲜嫩，回味无穷。

水饺，张仲景的“爱心药品”

饺子，是我国北方人民最喜爱的传统美食。北方人过春节，绝不能少了饺子这种食品。大年除夕包饺子，午夜十二点开始吃，名为“更岁交子”。而农历正月十五包的饺子又叫“团圆饺子”，因为这一天是农历新年后的第一个满月。除此之外，还有“冬至饺子夏至面”的说法。在北方很多地方，都有冬至吃饺子的习惯。不仅仅是北方，在我国南方也普遍存在饺子这一食品。

水饺据传是因纪念“医圣”张仲景冬至舍药而留下的。

张仲景，名机，东汉和平元年（公元 150 年）出生于南阳郡涅阳县（今河南邓州市穰东），东汉末年著名医学家。他著的《伤寒杂病论》，集医家之大成，被历代医者奉为经典。东汉末年，他在长沙任太守时，经常为当地百姓诊病施药，大堂行医。

这一年，全国各地瘟疫盛行，许多老百姓染病身亡。于是，深感责任重大的张仲景毅然辞官回乡，决定为乡邻们治病。他返乡之时，正是冬季。一路上，当看到白河两岸的乡亲们一个个面黄肌瘦，无精打采时，他心如刀绞。

北方的冬季十分严寒，加上当地老百姓又缺衣少食，不少人的耳朵都被冻烂了。于是，张仲景决定一边为百姓们治耳疮，一边为他们治伤寒。为了达到最佳的治疗效果，他让弟子在南阳东关搭起医棚，支起大锅，在冬至那天煮“祛寒娇耳汤”为百姓们医治耳疮。

大锅支好后，张仲景把羊肉、辣椒和一些驱寒药材按一定比例放进锅中。经过一段时间的熬煮，然后捞出来切碎，用面包成耳朵样的

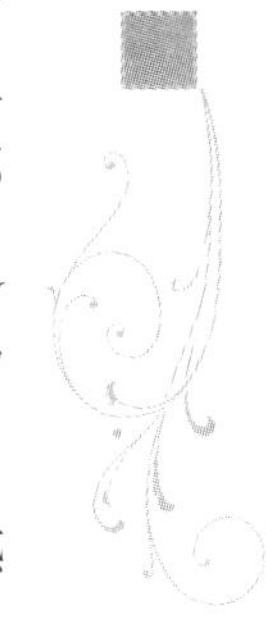

"娇耳"，再放进锅中煮熟。

患者们每人喝过一大碗"娇耳祛寒汤"后，血液通畅，两耳发热。再吃一段时间，冻伤的耳朵自然就治好了。

张仲景舍药的义举从冬至一直持续到大年三十。第二天是大年初一，人们既要庆祝新年，又要庆祝烂耳的康复，于是，就仿"娇耳"的样子制作过年的美食，并在初一早上吃。此后，人们为了纪念张仲景冬至舍药的义举，就将这种食物称作"饺耳"或者"饺子"。

后来，饺子经过漫长的演变和发展，逐渐形成了众多的品种和风味。比如，根据外形的不同，有捏饺、花饺、福寿饺等；根据馅料的不同，又有牛肉水饺、羊肉水饺、鱼肉水饺、水晶水饺等；根据成熟方法的不同，还有蒸饺、煮饺等。

水饺发展到如此程度，食客们应该感到满足了。可湖北黄陂人谈志祥却并不满足，他运用自己的聪明才智，对水饺进行了又一次"革命"，使这种小吃变得更加美味。

20 世纪 20 年代，谈志祥在汉口开了家作坊经营小吃——馄饨。作坊开业一段时间后，生意始终不是太好，食客们普遍反映馄饨不如水饺好吃。

其实，谈志祥本来也会做水饺，只是他一直认为当时的水饺在做法和材料上都很传统，一直没有什么改进，所以才放弃经营水饺，改作经营馄饨的，没想到食客反而说馄饨不如水饺好吃。如果现在再经营水饺，并将它改进一下，以后的生意肯定会大不一样的。

为了改进水饺，谈志祥干脆关了店门，坐在家里绞尽脑汁，冥思苦想。可是，好几天过去了，他仍然没有想出什么好办法。

这天，谈志祥带着柴刀到山上去打柴。因为几天前下过一场暴雨，路边的许多植物都被风吹折了，整个山林看上去一片狼藉。他拿着柴刀边走边想怎么样改进饺子。经过一片茂盛的竹林时，一根拦腰折断的竹子挡住了去路。于是，他拿起镰刀狠狠地砍了下去——竹子被劈成两半了，里面露出了薄如蝉翼的竹膜。他揭下一张小竹膜拿在手里看了看，瞬间一个念头便在他的脑子里形成——饺子皮儿是不是也能像馄饨皮这么薄，饺子馅是不是也可以变得小一些？

打完柴回到家后，他就开始动手揉面擀皮，然后又将香菜和牛肉做成馅，包成月牙形，放进锅内早就烧沸的水中。不一会儿，当白白嫩嫩的饺子浮出水面后，盛进盘中摆放整齐，宛如一颗颗晶莹剔透的水晶，盛在无瑕的玉盘之中。夹起一个来放在口中，顿感爽心润腹，余香满口。

第二天，谈志祥便开门迎宾，重磅推出这种水饺。果然不出他的所料，食客们吃过后，都连连叫好。还不到中午，他做了一晚上的水饺便被售卖一空。

十天后，谈志祥的生意越来越好。这时，有位食客建议他将自己的水饺起个名字。谈志祥想了想，就结合自己的姓氏随口起了个“谈炎记”的名字。此后，“谈炎记水饺”便一传十、十传百，很快便名扬大江南北了。

如今，户部巷里的“谈炎记水饺”，面皮薄如纸片，馅料由猪肉、牛肉混合配制，尤其是配料中所用的猪油是加入葱段和姜片精炼的花油。这种油既有板油的香味，又能使浮在碗中的水饺晶莹透亮，异香扑鼻。20 世纪 80 年代，谈炎记水饺以其原汁、汤鲜、馅多不腻、烹法考究、营养丰富等特点，被中国烹饪协会评为“中华名小吃”；2008 年 8 月，“谈炎记水饺”又被评为“中华老字号”。

毛血旺，被困出的“杂碎汤”

毛血旺是重庆市的特色菜肴，这道菜是以鸭血为制作主料，将生血旺现烫现吃，遂取名“毛血旺”。毛血旺又叫“冒血旺”，其味道麻、辣、鲜、香四味俱全。“血旺”一词原指血豆腐，一般用鸭血，也有用猪血的，主要食材还有鳝鱼片、广肚、鱿鱼、大肠、午餐肉等。至于为何冠以“毛”字，有人说原本跟重庆毛姓某店主有关，是真是假，无从考证。其实真正的毛血旺来源于重庆城西嘉陵江边磁器口古镇。

磁器口水码头历来是嘉陵江下游重要的物资集散地——因为这里是重庆城的通邑大埠，所以南来北往的船只一般都会停泊在这里。当时，不管是白天还是黑夜，水码头总是舟楫如林，热闹非凡。古镇磁器口由此而占尽了一江的灵气。

相传，民国初，通南大巴山有一位放木排的张老幺带了一帮穷兄弟，顺通江、渠河放木排下重庆。

经过几十天的劈波斩浪，他们终于到达了磁器口。看到大码头停泊着无数的船只，放排工一个个兴奋不已，等过了磁器口，再有一天的时间，他们就可以到达目的地了。

可是，在过九石缸坝时，他们却遇到了大大的麻烦，因为当时正遇枯水季节，水位下降导致河坝升高，木排被搁在坝面上，怎么划也无法动弹。眼看就要到重庆了，却遇到这样的大麻烦，大家十分着急——木排晚几天到重庆是小事，关键是他们带来的口粮已经快没了。

“得上岸去找点吃的，不然，怎么能够挨到重庆？”张老幺对兄弟们说。

“那就烦劳大哥上岸去一趟吧！”兄弟们说。

张老幺上岸走上古老的石码头，转过一条石板铺就的窄路，就听见河街上的叫卖声此起彼伏，好不热闹。特别是卖烧腊的吆喝声、小炒的锅铲声让早已饥肠辘辘的他直咽口水。

张老幺在河街上漫无目的地走着，忽然听见水码头方向传过来一阵生猪的嚎叫声。于是，他不由自主地往那边走过去……

张老幺走到一家屠宰房前，见一妇人正在门外倾倒猪下水，便走过去拱拳施礼说："大姐，小生姓张，只因放木排于贵码头被困，现粮食已吃完，想讨些不要的猪下水来充饥，如何？"

这家宰房的掌柜姓王，妇人正是王掌柜的媳妇。巧的是妇人也姓张，名王张氏。王张氏是个爽快人，一听来人也姓张，忙还礼说："兄弟，老天有眼，这么巧碰上了我。不瞒你说，我也姓张，说不定五百年前我们还在一口锅里盛饭吃呢！"王张氏看了张老幺一眼说："兄弟稍等片刻，我去为你取来！"

"那就多谢大姐了！"张老幺客气地说。

不一会儿，王张氏便拿来许多猪下水和猪血。张老幺接过大喜，忙连声道谢。

王张氏赶忙道个万福，回礼说："兄弟，这些东西都不值钱，不用这么客气，你若是不嫌弃，明日再来取就是了。"说罢，回身又随手拿了两根筒子骨出来，送与他说："光是猪下水和猪血，没有多少油水，这点筒子骨拿去熬点汤喝，也壮壮筋骨。"

张老幺拎着猪血和筒子骨，心花怒放地回到木排上。兄弟们见老大果然讨来了吃的东西，都很高兴，赶紧舀了江水把筒子骨熬上……

待汤熬好后，他们又将洗净的猪下水、猪血以及花椒等放进去，再熬一小会儿，瓦罐里便飘出阵阵汁香，馋得这帮穷兄弟直流口水。估计熬得差不多了，张老幺便揭开盖，一人分给一大碗。兄弟们吃完后，都说这锅大杂烩，简直胜过了皇帝老儿的御宴。

自此，张老幺就天天去王家宰房找王张氏讨猪筒子骨、下水和猪血，拎回木排煮着吃。时间一长，两人便混熟了，有时没事时，王张氏也会到木排上来与这些穷兄弟们聊天。

这天，王张氏又上木排来，正好遇上兄弟们在吃饭。见来得不是时候，她准备返身回去，可张老幺却将她叫住了，并热情地邀她一起吃饭——推辞不过，她只好端起碗来勉强尝了一口，谁知这一尝，竟然放不下碗筷了。

王张氏一口气吃完，觉得妙不可言，忙问张老幺这些东西是怎么做出来的？

张老幺不好意思地笑了笑，将大杂烩的烹饪方法一一告知。

王张氏听说后，回去照着熬了一锅，全家人吃了一致叫好。公公王掌柜更是拍案叫绝，在饭桌上直夸儿媳妇巧手，说这些下脚料原本是宰房丢弃的东西，经这一烹调，却成了上等佳肴。若是开一家这样的汤锅馆，一定会生意兴隆。

说者无意，听者有心。公公的一句戏言却激起了王张氏的开店冲动。于是，第二天她就置办了些家什，在磁器口附近开了家专卖杂碎的汤锅小铺。

开张的头一天晚上，王张氏把筒子骨放入锅中，滴上少许白醋，然后倒一木桶嘉陵江的水，拍几块老黄姜，放入适量的白豌豆，将汤熬至乳白色。到了半夜，再把猪血、猪肚和辣椒、花椒等放下锅，文火煨……

一大清早，磁器口的吊脚楼、青石板路还罩在淡淡的晨雾中。这时候，王张氏汤锅小铺前就围满了人——大家好奇地看着年轻的老板娘将新鲜的猪血放进满是杂碎汤的锅中，不一会儿，一碗清香鲜嫩的毛血旺就新鲜出锅了。

吃着嫩而不腻、香辣烫嘴的毛血旺，那些走路的脚夫、撑船的老大、走街串巷的小贩们无不叫好。一位外地的客商吃过后，咂着嘴问王张氏：“老板娘，此杂碎汤谓何名啊？”

“毛血旺。”王张氏回答说。

“毛血旺？俺只听说过血旺，这‘毛’字何意呢？”

“‘毛’字乃重庆方言粗糙的意思，‘毛血

旺’意为新鲜猪血快速凝固而成，比较粗糙杂碎。”

久而久之，王张氏的毛血旺杂碎汤，便成了瓷器口水码头的名小吃，一些社会贤达、富商大户、文人墨客也经常慕名前来品尝。抗战时，国立重庆大学的学生，有时也会三五结伴从沙坪坝顺江边徒步走到磁器口，去品尝王张氏的毛血旺杂碎汤。

时光像嘉陵江水无声地流逝，2005 年“老张毛血旺”（现为郁嫂毛血旺）迁入武汉户部巷。老张毛血旺是在重庆毛血旺的基础上经改良和创新而制成的，它选用新鲜毛血旺，黄陂嫩豆腐，辅以红油、老姜、蒜、花椒、秘制香料及三十八种中草药卤料，用大骨高汤，小火煨制，起锅后再辅以葱或香菜，盛在盘中，但见红、绿、白相间，给人一种美的视觉享受。该店出品的毛血旺不仅嫩而不散，豆腐入口即化，而且，还集麻、辣、鲜、香，四味于一体，实在是开胃之佳品，人间之美味。

溢香茶行话茶道

从长江大桥的阶梯缓步而下，经解放路，过司门口天桥，就到了户部巷风情街。经过武昌区委、区政府的多次打造，一条长百米的文化风情街便横空出世了。这里汇聚着各具特色的民间工艺店和文化风情馆。在户部巷尝足了各种小吃后，再到风情街去休闲观赏一番，完全能给疲惫的身心带来一丝雅静清闲的抚慰。

位于户部巷风情街（民主路 18-7 号）的“溢香茶行”倒是一个优雅的去处。坐在古色古香的茶舍里，品一杯袅袅的香茗，让思绪漫步于风光旖旎的青山绿水间，让心灵徜徉在万里无云的朗朗晴空下，在漫漫的人生旅途上获得一种精神的力量。

茶乃天地之灵物，生于名山秀水间，与青山明月为伴，以清风云雾为侣，纳天地之灵气，集日月之精华，乃自然创造的一种杰作。

茶道是一种境界，在于清寂静雅，简约精炼。品茶之时，定当凝神定气，专以致一，这样才能品出茶的韵味。如果心浮情躁，满腹忧虑，茶入口中，滚过舌头的定然是一种苦涩的味道。

品茶又是一种习俗，这种习俗在中国各民族传承已久。其实，早在黄帝时代，民间就开始以泡茶作为饮品了。《神农本草经》中说："神农尝百草，日遇七十二毒，得荼（茶）而解之。"这是一则关于茶的传说，可信性有多大，尚不可知，但有一点是明确的，即茶最早是一种药用植物，它的药用功能只是解毒，因此，当时茶并未进入人们日常生活中的饮料系统。根据文献记载：茶的种植和使用，始于秦汉时期。《汉书·地理志》里有"荼陵"一名。荼陵，在今湖南省，汉代属长沙郡，以位于茶山之阴而得名。西汉王褒《童约赋》有"烹荼尽具"和"武都买荼"的记载。武都，在四川绵竹县北，是当时的茶叶产区。当时的饮茶方式十分粗放，一般是将茶叶采摘回来，稍事加工后煮汁自饮，或用来招待客人。直到唐玄宗时代，出现了一位名叫陆羽字鸿渐的茶圣，中国的茶道才开始蓬勃起来。

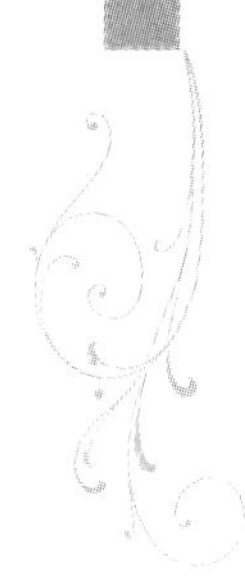

陆羽出生于唐玄宗开元二十一年（公元 733 年），他出生不久就被弃于天门竟陵（今湖北省天门市）的一座小石桥下。当时竟陵龙盖寺住持智积禅师路过小桥时，听到桥下传来群雁的哀鸣声和婴儿的啼哭声。于是，十分好奇的他急忙快步走下桥去……

智积禅师来到桥下，发现一个赤身裸体的婴儿躺在衰草丛中，被冻得瑟瑟发抖，啼哭不止。在婴儿的周围，一群大雁正张开翅膀为他遮挡寒风。

看着被弃的婴儿，智积禅师一阵心疼。他走上前去，脱下身上的禅袍，将婴儿包起，抱回寺中。

因为婴儿无姓无名也无法访得其父母是谁，智积禅师只好用《易经》卜卦，为婴儿取名。经过几次占卜，最后占得《渐》卦，卦辞是："鸿渐于陆，其羽可用为仪。"于是禅师按照卦辞为婴儿定姓为"陆"，取名为"羽"，字"鸿渐"。

陆羽长大后，智积禅师不仅教他学文识字，习诵佛经，还教他煮茶。陆羽虽然生长在寺庙之中，时时与古佛青灯黄卷为伴，但他始终不愿削发为僧。智积禅师见他桀骜不驯，便罚他扫寺院、洁僧厕、牧

牛一百二十蹄。

对于师傅的惩罚，陆羽没有屈服。他每天早起晚睡，认真做好每一项工作。直到十二岁那年，他终于有机会逃出寺院，做了一名伶人。

少年时的陆羽虽然相貌丑陋，但聪明过人、机智幽默。在做伶人时，他不但演丑角很成功，而且还编写了三卷笑话书《谑谈》。

唐朝天宝五年（公元 746 年），河南尹李齐物被贬为竟陵太守。到任后，李齐物慧眼识英才，十分赏识陆羽的才华和抱负，决定助他一臂之力。

在李齐物的帮助下，陆羽进入了火门山（今天门市佛子山）学堂，拜当时的名师邹夫子为师。读书之余，他常在龙尾山（今天门市李场镇与石河镇交界处）玩耍。一天，他在龙尾山上发现了一种野生茶，于是，就将它采摘回来，晾干泡茶。当滚烫的茶水冲进放着野生茶的杯中时，一股淡淡的清香扑鼻而来。盖上茶杯，稍等一会儿，再打开，品上一口，顿感清甜爽口。

以后的日子里，陆羽经常到龙尾山上去采一些野生茶回来，晾干送给老师邹夫子泡茶。邹夫子看他爱茶成癖，便请人在火门山南坡凿了一眼井，为他煮茗提供条件……

五年后，礼部郎中崔国辅被贬为竟陵司马。一次偶然的机会，陆羽结识了比他大六十四岁的崔国辅，并与其拜为“忘年之交”。从此，他们二人经常在一起交游谑笑、品茶鉴水、谈诗论文，友谊非常深厚。三年后，陆羽为考察茶事，出游巴山峡川，临行前崔国辅以白驴、乌牛及文槐书函相赠。

第二年，安禄山在范阳起兵叛乱。这时，正在巴山考察的陆羽便随着陕西涌向南方的难民渡过了长江，并沿着长江对今湖北、江西、江苏、浙江等地的江河山川，风物特产，尤其是茶园名泉进行了实地考察。

唐肃宗上元元年（公元 760 年），经过多次实地考察，已经对茶有着十分了解的陆羽开始隐居苕溪之滨，闭门撰写《茶经》。

《茶经》一书共分三卷，记录了全新的制茶方法，并对茶的起源、种类、特征以及制法、烹蒸、茶具和水的品第、饮茶风俗、名茶产地等作了全面论述，特别是对茶的制作技术和加工，总结提出了采、蒸、捣、拍、焙、穿、封七道工序。《茶经》的初稿完成后，由于社会名流们争相传抄，所以，在极短的时间内，这本著作便轰动了大江南北。随后，声誉大增的陆羽还被招进宫，亲自为皇帝煎茶，并得到了很高的赞赏。

到了宋代，中国的饮茶习俗达到了极高的境界。上至皇帝，下至士大夫，几乎人人都有关于茶饮的专著。如宋徽宗赵佶的《大观茶经》、蔡襄的《茶录》、黄儒的《品茶要录》、赵汝丽的《北苑别录》、宋子安的《试茶录》等。不仅是茶饮专著，民间还出现了茶户、茶市、茶坊等交易和制作茗茶的场所。

在宋代饮茶习俗中，最有特色的是斗茶。斗茶，不仅是饮茶方式，也是一种精神文化享受。北宋中期，斗茶习俗风靡全国，上至达官贵人，下至平民百姓，无不以饮斗茶为乐事。

明清时期，茶叶的加工制作和饮用习俗都有了很大改进。当时，炒青制茶法就已经得到了普遍的推广。民间许多地方开始将“冲饮法”代替以往的“煎饮法”，逐渐形成了我们今天所使用的饮茶方法。

茶饮进入人类饮食文化体系，虽有着十分久远的历史，但各民族、各地区的饮茶习俗，并没有形成统一的模式。从美学角度讲，讲究茶的“色、香、味”是茶饮习俗中共同追求的目标，而要达到这一目标，除茶叶本身的因素外，最重要的是饮茶所用的水质要好。一般煮茗的水，要以山泉水为上品，用它冲出的茶，汤色明亮，香味俱佳；而茶具，则以江苏宜兴紫砂陶为上品。茶具的玲珑精致，古香古色，可以显示出主人的身份地位和文化修养。

茶饮习俗始自民间，形式多种多样。每个民族、每个地区都有自己独特的饮茶习俗。就是在不产茶叶的民族中，也随着茶叶贸易和生活的需要，嗜茶成俗，而且在长期的历史发展过程中，形成了独特的饮茶之道——茶道。

户部巷溢香茶行的店长王晓玉来自中国茶乡——福建。她从小就在家乡采茶、炒茶，后来又专程到武夷山学习茶道，对茶文化有着非常深刻的了解。

2008 年，溢香茶行在户部巷开业后，主要经营中国十大名茶之一——“铁观音”，现在则主推红茶。红茶茗香浓郁，品性温和，味道醇厚。经常饮用加糖或加牛奶的红茶，不仅能够暖胃，还能消炎、保护胃黏膜，对治疗溃疡也有一定效果。因此，非常受长茶龄顾客的宠爱。

“溢香茶行”意为让茶的茗香漫溢出来，愿更多的人能够记住它。

2009 年，溢香茶行以其热情周到的服务态度和良好的茶饮品质，被户部巷管委会评为“优秀经营户”。

针黹绣坊论刺绣

在“溢香茶行”品完茶后，沿着风情街往前走，不多远，便到了“针黹绣坊”手工刺绣坊。

进入刺绣坊，仿佛进入了艺术的殿堂。墙上悬挂着的一幅幅巧夺天工的刺绣作品让人赏心悦目、叹为观止。醒目瑰丽的牡丹花姹紫嫣红，争奇斗艳；栩栩如生的画眉鸟登枝高唱，歌声婉转；雕梁画栋的亭台楼阁更是玲珑别致、古朴典雅。

手工刺绣是指以手工方式，用针和线把人的设计和制作添加在任何存在的织物上的一种艺术。手工刺绣是中国非物质文化遗产保护中最珍贵的物种之一。我国目前尚存留的手工刺绣有四大种：苏绣、蜀绣、湘绣、粤绣。

苏绣的产地在江苏省的苏州、南通一带，在刺绣技艺上有平、齐、细、密、匀、顺、和、光八大特点。最能体现苏绣艺术特征的是双面

绣。这种刺绣针法颇为讲究，不管是正面还是反面，均采用一样的针法，使之达到一样的视觉效果。

而蜀绣则是以软缎、彩丝为主要原料，其刺绣技法非常独特，至少有 100 种以上精巧的针法和绣技。如五彩缤纷的衣锦纹满绣、绣画合一的线条绣、精巧细腻的双面绣和晕针、纱针、点针、覆盖针等，都是十分独特而精湛的技法。

湘绣的历史最为悠久。早在两千五百多年前的春秋战国时代，湘绣就是朝廷的受宠贡品。这种刺绣质地上乘、风格独特、工艺精湛、针法细腻。

粤绣也是中国的名绣之一。相传创始于少数民族，与黎族织锦同源。

除了四大名绣外，还有一种别具一格的手工刺绣，那就是汉绣。汉绣，以楚绣为基础，它融汇了南北诸家绣法之特长，体现出了富有鲜明地方特色的新绣法。这种绣法和四大名绣有所区别，它采用一套铺、平、织、间、压、缆、掺、盘、套、垫、扣的针法，以“平金夹绣”为主要表现形式，追求充实丰满、富丽堂皇的热闹气氛——绣品可以枝上生花，花上生叶，叶上还可出枝，充分体现了“花无正果，热闹为先”的美学思想。

我国刺绣的起源，历史相当久远，从黄帝时代就有彩绘花纹的记载。那时人们用颜料绘成各种花纹，涂在身上用来美化自己，称“彰身”；接着便是刺在身上，称“纹身”；后来就画在衣服上；最后就发展成绣在服装上。

相传在上古时代，有一位叫凿的制衣师，专门为宫廷里的达官显贵们做服装。当时宫廷里达官们穿的衣服上的五彩花纹全都是画上去的，凿不仅要负责裁剪制作服装，而且还要往上绘制花纹。由于受绘制材料和绘制水平的限制，衣服上的那些花纹一经洗涤就会褪色，这样，凿就得不断地往衣服上画花纹。

有一天，凿自己穿的一件衣服破了，于是，她就拿起针线缝补，缝好后，却形如一只美丽的蝴蝶。看着这只“蝴蝶”，凿一下子来了灵感，何不将花纹用针线织上去呢，这样不就久洗不会褪色了吗？

当第一幅简洁单调的刺绣品问世后，一下子得到了人们的认可。后来，凿不断改进针法和织线的颜色，使绣上去的花纹更加细腻而富有层次感。

此后，刺绣继续发展，至唐代已是盛极一时。唐代刺绣在绣法上不断推陈出新。改“锁绣”法为“平针绣”，逐步发展成为通行至今的绣法。这种绣法因为针法多变化，刺绣者更能发挥创作的自由思想与艺术表现，很快就取代“锁绣”而风行全国，从而使刺绣的发展进入了一个崭新的时代。

宋代是我国刺绣发展的高峰时期。这个时期，无论是在产品质量还是在开创纯审美的艺术绣方面，都称得上空前绝后。而明代又是我国历史上刺绣流行风气最盛的时期。当时的刺绣不仅品质普遍提高，材料改进精良，技巧娴熟洗练，而且更趋向宋代优雅华丽的风格。

汉绣起源于盛产蚕桑的湖北，其历史渊源可上溯到春秋战国时期的楚国刺绣。楚绣以充实丰满的表现形式在当时的诸侯国中冠绝一时。屈原在《楚辞·招魂》中有这样描写楚国出产丝织品的句子：“翡翠珠被，烂齐光些。蒻阿拂壁，罗帐张些。纂组绮缟，结琦璜些。”“翡帷翠帐，饰高堂些。”“被文服纤，丽而不奇些。”由此可见楚绣之良。

现在，大部分的汉绣传人都承认汉绣传承于楚绣，或者说汉绣是以楚绣为基础。虽然现在还没有实物证据证明汉绣直接继承于楚绣，但不论从刺绣风格还是刺绣技法来看，汉绣与楚绣具有非常之大的相关性。

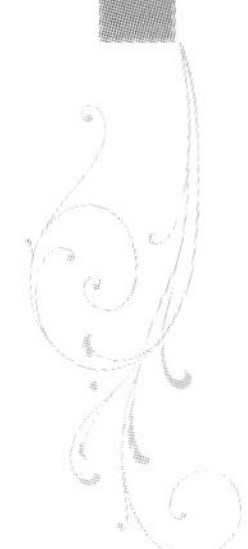

汉绣自形成之后不断发展，及至明清时期达到了顶峰。汉绣最初在沙市一带粗具规模，随后在武昌地区得到发展，而后传入汉口。据《武汉市工艺美术行业志》载，“清嘉庆年间，刺绣、戏衣等民间艺人遍及江夏、汉阳、夏口三镇，刺绣行业已具规模。……光绪年间（公元 1875—1908 年），成为汉绣发展的极盛时期。”

到了民国时期，汉绣行业继续发展。民国时期的武汉是仅次于上海的全国第二大商埠，近代工业在这里萌芽并获得发展。当时武汉地区有着极为著名的汉产三杰，即汉绣、张之洞创办的“汉阳造”以及汉阳打铜街的“汉锣”，可见汉绣名声之大。

清朝中后期至民国初期，从荆州沙市传入武汉的汉绣达到了鼎盛期。当时，有上万名绣花匠人云集武汉，形成了“家家绣花，户户刺绣”的奇观。

抗战时期，日军侵占武汉，汉口绣花街被烧毁，众多的汉绣作品也一同被焚。从此，汉绣便日趋凋零，技艺几近失传。

新中国建立以后，汉绣才得以重见天日，重放光彩。20 世纪 80 年代，汉绣产品已由原来的民用小绣品和少量古典戏剧绣服发展到帐帘、披风、被面、枕套、服装、大幅、中堂、条屏、折页、摇件和屏风等十多个品种。2003 年，汉绣传人任本荣先生在武汉成立了汉绣工作室，开始大力发扬汉绣技艺。

“针黹绣纺”手工刺绣坊的店长黄红英出生在一个刺绣之家（母亲苏州人，酷爱刺绣）。由于受到家庭环境的熏陶，她从小就对刺绣有着特别浓厚的兴趣，长大后曾经拜汉绣大师任本荣为师，向他学习手工刺绣，后又到苏州去观摩学习。如今，她绣出的汉绣作品色彩浓郁，金碧辉煌，热闹喜庆，大气磅礴；而苏绣作品则细腻真实，层次分明，针法严谨，色调柔和。

“针黹绣纺”意为手工刺绣，“黹”意为“缝纫、刺绣”。2008 年，针黹绣纺在户部巷民俗风情街开业后，主要业务是承接订单和教授学员。在她的细心辅导下，学员的刺绣作品曾一度荣获武汉市妇女联合会举办的首届“巧娘”刺绣大赛“优胜奖”。

“针黹绣纺”和“溢香茶行”为户部巷里的游客们提供了一个清静高雅的去处，为户部巷风情街增添了更多的生机与活力。虽然与小巷里的那些“老字号”和“名小吃”比起来，它们只能称得上是小辈，但正是有了这些小辈，才使武汉户部巷变得更加丰富多彩，魅力无穷。

第四章

绵绵汉味情

连吃三月不重样

三月的武汉花红柳绿、春意盎然；三月的户部巷人潮如涌、热闹非凡。

一大早，“叶老瘪”饼店的店铺前就排满了来“过早”的食客。人群中，一位英俊帅气的小伙子全神贯注地望着店前锅内正在烤着的牛肉饼，仿佛在思考着什么。他就是刚刚从湖北省仙桃市老家到武汉来参加工作的“80后”小伙——李林。

李林是一位美食爱好者，高中毕业后，他本可以进入大学深造，可由于对美食的特殊爱好，他毅然放弃了上大学的机会，选择了进入当地一家大酒店学习烹饪技术之路。

三年的时间，李林从酒店里学到了扎实的烹饪技术后，来到武汉小东门的一家酒店做了一名普通厨师。作为一位美食爱好者，对于闻名遐迩的户部巷，李林早有耳闻，只是过去一直没有机会来品尝这里的美食。今天，他终于可以如愿以偿了。

端起一盘焦黄油亮的牛肉饼，他走进店内，找到一个空位置坐了下来。此时，小店内的餐桌旁坐满了食客，这个位置是刚刚离开的一位食客留下的。

餐桌对面坐着一位戴着眼镜的年轻小伙子。李林刚刚坐下，小伙子就抬起头看了他一眼，非常友好地说：“你好，经常来这里吃牛肉饼吗？”

李林咬了一口牛肉饼，一边吃，一边说：“不，我是第一次来这里。”

“那你觉得这‘叶老瘪牛肉饼’的味道如何？”小伙子继续问。

李林又咬了一口牛肉饼，闭上眼睛认真品尝了一番说：“我感觉焦脆油滑的面皮中夹杂着香酥鲜嫩的牛肉味，关键是各种佐料的搭配非常匀称、合理，使五味达到了绝妙的调和，这种美味世间少有，真是太神奇了！”还沉浸在牛肉饼的美味之中的李林摇头晃脑地说：“不仅如此，这饼里还有一种猪油、麻油混合而成的油脂味，这是一种酥软、清香，绝不肥腻的油脂味。”

“看起来，你还是美食的行家，挺会品味的。”小伙子满脸兴奋，眼镜里折射出一股欣赏的目光：“人类的美食以水和火为媒介，将合理的温度传给食物，经过短时间的物理和化学反应，让食物的美味释放出来，以满足人们越来越挑剔的口味，这一过程看似简单，其实却蕴含着非常深奥的技术成分，而户部巷里的早点大师傅们却个个都身怀绝技，他们对于水与火的把握，能让食材的美味发挥得淋漓尽致，并且形成了独特的风味，给人一种超然的美味享受。”

李林望着店外又一次排成了长龙的食客，喃喃地说：“是啊，户部巷里的汉味小吃名扬天下，我正准备每天来这里吃上一种小吃，博采众长，创造出一种新的美食。”李林不好意思地笑了笑说：“也不知道吃完这里的美食需要多长时间？”

“恐怕三个月也吃不完吧。”小伙子看了看李林说：“看来你不仅是一位美食爱好者，而且还是一位美食从业者吧？”

“是的，我是一名专业厨师，在离这儿不远的一家酒店工作。”

小伙子咬了一口牛肉饼，一边吃，一边自我介绍：“我叫王锐，来自北京，也是一位美食爱好者，但我的工作却跟美食没有任何关系。”王锐畅快地咽下嘴里的牛肉饼，继续说：“我到过全国许多地方，各地的美食我几乎都品尝过了,但给我印象最深的还是这里的汉味小吃。”

“这么说，你是这里的常客啦？”

“对，不过，虽然是这里的常客，但我并没有吃尽这里所有的美食，真不知道这条小巷子里到底聚积了多少种小吃？”停了一下，王锐继续说：“我不是美食专家，也没有从事这一行业，而我对美食却有着非常特殊的感情，而且也非常喜欢结识喜欢美食的朋友。”

“我也是，愿我们能够成为很好的朋友！”李林说完，很友好地伸出手，与王锐同时伸出的手紧紧地握在一起。

一个月后，李林和王锐又在“蔡林记”热干面馆里相遇了。他们各自要了一碗热干面，同坐在了一张餐桌前。

刚一坐下，王锐就问李林：“一个多月的时间，你应该吃了三十种汉味小吃了吧？”

“对，三十种，绝不重样。”李林回答说。

“吃过后有何感想？”

“我觉得这里的小吃一个最大的特点，就是一般主食材里都添加了稻米，而这些稻米经过各种工具的加工，做成不同形状、不同式样的食品，再经过水与火的蒸、煮、煨、烤之后，就形成了现在的这些不同风味、不同口感的早点美食，简直太了不起了。”

“形而上学的宇宙观认为，水与火是世界的本原，它们本来是一组矛盾——水可以灭火，而火又可以使水蒸发、消散，但聪明的祖先却将这一组矛盾和谐统一了起来，让它们更好地为人类的美食服务。也许上古时代的炎帝永远也不会想到，他发明培育的稻谷，会让今天的人们吃出这么多的花样来。”

王锐的话刚一说完，李林的眼睛里立即露出一股钦佩的目光。没想到眼前的这位年轻人居然拥有如此渊博的学识，将烹饪与美食之间的关系阐述得如此精辟。他马上接过话题说：“准确一点说，是炎帝没有想到他发明培育的稻谷会让今天的户部巷吃出这么多花样来。这里的汉味小吃不仅品种繁多，口感独特，而且在吃法上还能体现出一种别样的情趣来。比如：糊汤粉配着油条吃、热干面配着米酒吃、软煎饼配着稀饭吃等等，这不能不说是武汉人在吃法上的一大创新。”

“正是因为武汉人会吃，才诞生了热干面这种闻名遐迩的美食。”王锐用筷子从碗里挑起一挂金黄的热干面说：“人人都说山西的刀削面软而不沾，越吃越香；两广的伊府面色泽金黄，汤鲜汁浓；北方炸酱面鲜咸香辣，酥滑爽口。依我看，这些面都不如武汉热干面，尤其是户部巷里的热干面。这里的热干面首先在颜色上就给人一种强烈的视觉冲击，且不说吃在嘴里的那种劲道、有嚼劲，光是那浓浓的胡椒和芝麻酱香，就让人觉得大快朵颐。”

听着王锐精辟的论述，李林不住地点头：“对，武汉热干面的确是一项伟大的发明，而户部巷里的老字号传统名店更是很好地传承了

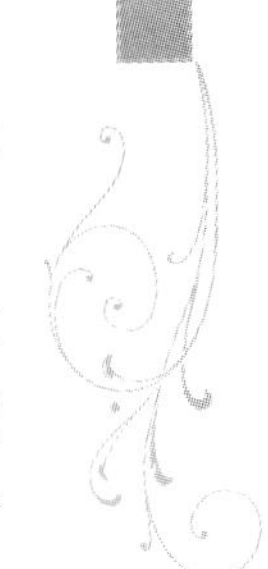

这种优秀小吃，真是大快人心啊。”李林的眉宇间闪烁着几分激情：“其实，在我们家乡的大街小巷也经常能够吃到热干面，但那是蹩足、另类的小吃，不是面掸得不精神，就是佐料拌得不到位。总之，吃到肚子里后，除了能撑饱肚皮外，没有一点让人感到回味的地方。今天吃了户部巷里的热干面，才知道什么是真正的热干面。”

“老弟，继续实施你的品味计划吧，相信你会收益多多的！”王锐放下筷子，掏出一张纸巾递给李林说：“最后一天，我们在德华楼酒楼见吧！”

李林接过王锐递过来的纸巾，在脸上擦了一把后说：“好，一言为定！”

两人一同走出“蔡林记”。外面的太阳已经升得很高了，金色的阳光照在户部巷明清风格的建筑上，照在“蔡林记”金光闪闪的铜字招牌上，照在巷内摩肩接踵的食客们的头顶上，呈现出一派勃勃生机，繁荣昌盛的景象。

“老弟，自己去慢慢探寻、慢慢研究吧！”王锐伸出右手，轻轻拍了拍李林的肩膀说。

李林微微一笑说：“我会的。”

“好吧，祝你凯旋！再见！”

两个小伙子相互道完珍重后，便各奔前程了。

六月的武汉暑气逼人，热不可耐。早晨的太阳刚一露脸，地上就仿佛着了火似的。户部巷窄窄的巷道内更是成了高温高热的火炉，各家店铺里炉火的温度混合着自然界已有的温度，辐射出的阵阵热浪，让人喘不过气来。

这时候，在位于户部巷民主路的德华楼酒楼上，一个年轻的小伙子正坐在靠近窗边的一张餐桌旁不住地瞧腕上的手表——他就是“80后”仙桃小伙——李林。

此时，李林正在等候好友王锐。本来，明天是他连吃三月计划的最后一天，可今天晚上，他就要坐上南下长沙的列车了——一个星期前，李林因工作出色，被酒店总部调往长沙，为此，他不得不提前结束“连吃”计划，于今天来实施他与王锐的预约。

不一会儿，王锐气喘吁吁地上楼来了。坐在对面的凳子上后。他掏出纸巾擦了擦脸上的汗水说：“对不起，我来晚了！”

“说对不起的应该是我。”李林充满歉意地说：“本来我们约定的日子是明天，可因情况有变，所以不得不提前一天到这里来了。”

“嗯，我理解。”王锐环顾了一眼整个酒楼说：“德华楼是武汉的百年老店，听说这里的年糕挺有特色的。”

“是的，这里的年糕品种繁多，米糯清甜，吃在嘴里肥润不腻，齿留余香。”

“不错，那么在等待的间隙，还是谈谈你连吃三月的感想吧！”王锐扶了扶鼻梁上的眼镜说。

李林将目光转向窗外，望着街道上熙熙攘攘的人流，无限感慨地说：“在没有实施‘连吃计划’之前，一直以为这个小小的巷子里能有多少种美食。也许不用一个月，这里的品种就会被我吃得一干二净。可是，直到今天，我才真正领会到‘古城寻口福美味何妨巷子深，绝艺尽人知盛名早播神州远’的含义。”他将目光收回望着王锐继续说：“没想到，一天只吃一样，三个月的时间，我还是没有吃完这里的美食，这条小巷简直太神奇了，太了不起了！”

“那给你印象最深的是哪一种美食呢？”

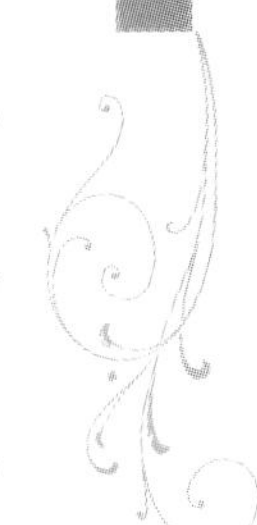

“这里的美食味道各有千秋，吃过后让人的味觉迷失了方向，只感到嘴巴、舌头和肠胃都得到了彻底的陶醉。”

“看起来，你准备博采众长创作新美食的计划是无法实现了？”

“是啊，这里的美食完美得让你无法超越、无法创新，不过我还是有所收获的，首先是通过这次‘连吃计划’让我的厨艺有所提高，不然怎么可能调往长沙呢？其次，就是通过这次‘连吃计划’让我感到了一种前所未有的享受，这种连吃三月不重样的享受，恐怕连联合国秘书长也不一定有过吧……”

李林还没有说完，服务员已经将一盘白润油亮的年糕端了上来。看着满盘的年糕，王锐微笑着说：“吃年糕不仅是一种美味享受，而且还会让记忆中的年味得到一次彻底的重现，真是乐趣无穷啊！”

李林拎起啤酒瓶，一边给王锐斟酒，一边说：“是啊，这种美味和情趣只有在户部巷才能够找寻得到哩！”

王锐端起酒杯，与李林碰了碰杯说：“来，祝你这次的长沙之行一路顺风！”

“谢谢！不过我最终还是要回来的，回到武汉，回到户部巷，来这里干一番事业。”李林一口气喝干杯中的啤酒，放下酒杯说：“说句心里话，我太爱这个地方了！”

“不说了，来吃年糕！”两双筷子同时伸向了餐桌上的瓷盘里……

直到一个时辰后，两个小伙子才带着几分醉意离开德华楼酒楼。

每逢节日更恋情

李林到长沙后，才发现自己的饮食习惯与这里的人们格格不入——湖南人喜欢吃辣，而他却偏偏喜欢清淡。每次与同事们在一起吃饭时，他总会怀念户部巷里的美食。到了晚上，他又会不由自主地走向网吧，去看看网友们在网上发的户部巷的图片和各种有关美食的小评论。每每看到这些，他就会感到无限的满足和畅快。

在漫长的思念和祈盼中，终于盼来了“十一”黄金周。早在几天前，李林就买好了回武汉的火车票。这时，坐在人满为患的火车上，他不但没有感到拥挤的烦恼，反而感到了几许兴奋，因为还有几个小时的时间，他就可以见到朝思暮想的户部巷了。

一脚踏进武汉大地，李林的心醉了。十月的武汉天高云淡，晴空万里，仿佛为了过节，有人刻意将它装点了一番。街道两边的大楼上飘着各色彩旗，各家商铺的橱窗里，展示着琳琅满目的商品，电子扩音器里喊出的吆喝声此起彼伏……

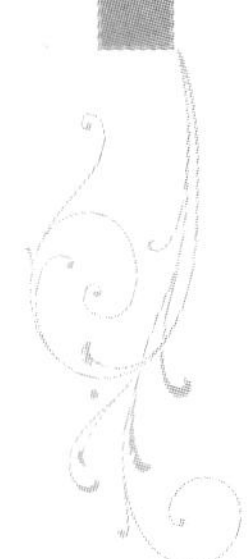

节日里的户部巷更是人头攒动、水泄不通，每个人的脸上都洋溢着喜庆的气息，他们或是悠闲地吃着美食，或是举着相机不停地拍摄。

今日的小巷也一改往日的容颜，换上了节日的盛装。高高的大红灯笼一字排开，向北延伸出一片喜庆，各家经营户的雨阳棚、吊牌也都擦拭一新，每一位工作人员都穿着统一的服装，脸上绽放着花一样的笑容……

“石记热干面”的店铺前排着长龙一样的食客——他们一个个脚跟连着脚尖，前胸贴着后背，将窄窄的小巷堵得严严实实，偶尔有穿巷而过的食客只好从人缝中挤来挤去。

李林好不容易才挤到“队伍”的最后面，刚刚站定，后面马上又多了两位前来排队的食客。

端着一碗散着浓浓酱香的热干面，李林正转身准备离开，突然听到后面有人叫他的名字，回头一看——原来是来这儿排队买热干面的王锐……

两个小伙子拎着热干面碗，小心翼翼地在人群中挤来挤去，忙碌得连话也顾不上说。半个时辰后，他们终于来到了长江边。沐浴着凉爽的江风，吃着劲道爽口的热干面，他们感到无比的惬意。王锐咽下去一口热干面，看了看李林说：“在长沙干得怎么样？”

“工作倒是挺顺心的，只是太想念户部巷了！”李林回答说。

“是啊，户部巷的魅力太大了，尤其对于我们这些美食爱好者来说，更是与它有着剪不断的情丝。”王锐望着波涛滚滚的江水，深情地说：“说句心里话，如果不是对户部巷的迷恋，我根本不可能留在这座城市。”

王锐的一番话触到了李林内心深处的隐痛。其实，他从家乡的酒店辞职后，本来可以到广州的一家大酒店去工作，可由于对户部巷的向往，他还是选择了武汉。本以为只要好好工作，就可以长久地留在这里，可谁知“好事却被努力误”，自己反而因为工作出色被调往了长沙……

一丝伤感让两个小伙子沉默了。这时候，只听见江水的哗哗声和江岸边游客们的打逗嬉闹声。江面上，一艘小型货轮从上游缓缓驶过来，波浪纷纷让路，将对岸高楼群的倒影一下子撕扯得支离破碎，反射的太阳光也在一瞬间被捣碎，七零八落地在眼前闪耀，好似一只只萤火虫在江心上下飞舞。

望着不断向东流的长江水，两个小伙子的心久久不能平静……

第二天，李林又去了户部巷。站在南门外，望着熙来攘往的人流，他不由掏出手机，拍下了一张又一张珍贵的照片……

以后的几天假期中，他每天都要到户部巷去看一看，吃一吃，尽量将这里的美味和风情留在记忆中，以便在长沙寂寞时，可以反复地回味。

七天的长假很快就过去了，李林“被迫”又回到了长沙，开始了周而复始的烹饪工作。

一天下班后，同事小赵突然对他说：“经常听你谈到武汉户部巷有多少好吃的美食，今天让你到我们长沙的坡子街去开开眼界，看看到底哪里的小吃更爽口！”

“坡子街在哪里，那里的小吃多吗？”李林无比兴奋地问。

“去了你就知道了。”

这时，一辆空出租车正好朝这边驶来，小赵招了招手，出租车很快便停到他们身边——小赵拉开车门钻了进去，对司机说：“去坡子街！”司机点点头，见后座的李林已经关好了车门，就一踩油门，出租车便像离弦的箭射向了坡子街的方向……

他们到达坡子街时，夜幕已经降临了。这时的坡子街上已是华灯浩荡，霓虹飞扬，五颜六色的灯光将街道两边琳琅满目的小吃门店和摊点映照得一片斑斓。

初次见到这条小街，李林的第一印象就是——除了满街全是做小吃的告诉人们这是一条小吃街外，并无其他特色。这里并不像户部巷那样打造成一色的明清风格，再配以统一的餐车和雨阳棚，给人一种别样的感受。其次，这里的小吃几乎让烧烤占了半壁江山，而其他有特色的老字号、名小吃更是寥寥无几。

到了街中心，好不容易才见到一家火宫殿臭豆腐经营店。于是，两人一同走了进去……

这火宫殿的臭豆腐还真是名不虚传，与户部巷里的臭豆腐的口味一模一样。李林一边吃着外脆内嫩的臭豆腐，一边问小赵：“这就是你说的坡子街吗？”

“是啊，你觉得怎么样？”小赵回答说。

“跟武汉户部巷比起来，有着很大的差别。”

“不可能吧，这坡子街在长沙还是挺有名气的呀！”

李林看着小赵，真诚地说：“如果有时间，还是到户部巷去看一看吧！相信只要去过一次，你就会热烈地喜欢上那个地方的。”

“好啊，有时间我一定去！”

……

直到很晚，两个小伙子才回到酒店宿舍。

时光像长江水一样，流逝得飞快，一转眼，便到了我国的传统节日——春节。厨师是一个特殊的职业，越是重大节日，他们的工作就越是忙碌。

由于李林所在的酒店早在几个月前就让市民们订满了“团圆饭”，所以春节期间，酒店里的所有员工都取消了休假，但这期间的工资将会成倍增长。无奈，李林的这个春节就只好在长沙度过了。

除夕那天，李林和同事们都投入到了紧张的工作中。整个酒店的厨间里炒菜声、叫喊声响成一片……

这时，李林人在酒店里忙碌，而心却早已飞到了户部巷——现在的户部巷一定人山人海，热闹非凡；各家小吃经营户一定会将自己最拿手的美食展示给慕名而来的食客；食客们也一定陶醉在各种小吃的美味中、小巷别样的风情中。

锅里的鸭脖该放味精了，可李林却心不在焉地将汤匙伸进了盐槽里……

烧好的鸭脖被服务员端上了酒店二楼的一家"团圆饭"上。这一桌一家三口来自广东，他们在长沙经商已有多年了，每年的"团圆饭"都是在这家酒店吃的。

男主人伸出筷子夹起一个鸭脖放进口中——不一会儿，便全吐了出来。他放下筷子，涨红着脸嚷道："怎么回事嘛，这鸭脖子这么咸的啦！"

服务员赶紧跑过来问："怎么啦？"

"这鸭脖子好咸的啦！"男主人指着菜盘子说。

"不会吧？"

"我还会骗你吗？不信，你自己尝尝啦！"

服务员只好去找经理。几分钟后，经理带着李林来到了男主人面前。

"这位老板，对不起，鸭脖子烧得太咸，是我们这位小师傅的一时失误！"经理诚恳地道歉说："现在先让他给您道个歉，然后，我们将会再免费为您做一盘鸭脖，作为补偿！"

李林马上诚恳地说："对不起，扫了你的雅兴！"

男主人大度地说："道歉就没有必要啦，只是以后千万不要再犯类似的错误的啦！"

事后，经理狠狠地批评了李林一顿，并警告说，如果以后再犯这样的错误，绝不轻饶。经过这次风波，李林终于下定了决心：自己创业，回到户部巷去干出一番事业来！

元宵节，李林又回到了武汉户部巷。此时的小巷依然笼罩在浓浓的节日气氛中——“H”型的街区处处张灯结彩，喜气洋洋。

走下司门口天桥，便见户部巷文化大戏台前围满了观众。戏台上，一位武生正随着激烈的锣鼓声，不住地翻着筋斗，引得台下一片欢呼声……

走过大戏台，来到风情街，老远就见到一只披红挂彩的彩莲船朝

这边舞过来，彩莲船周围还紧跟着几只巨大的蚌壳精。他们伴着铿锵的锣鼓边走边舞，演绎出了阵阵浓郁的民族风情。

继续朝前走，前面“溢香茶行”的店门前围着好多好多的人，走近一看，原来是一位中年妇女正在表演剪窗花。只见一张方方正正的红色纸片，经她几次折叠后，几剪刀下去，再次展开，一幅栩栩如生的“双凤大窗花”便展现在了大家的眼前——那红彤彤的大窗花中两只凤凰正在比翼齐飞，闪烁出浓浓的年味……

“针黹绣纺”的门旁，歇着一副挑担，几个小孩子围着挑担后坐着的老汉不住地叫喊……

李林不由走了过去。看着挑担上挂着的一个个“糖人”，一股怀

旧感不由涌上了他的心头——“转糖人”这种民俗只有儿时见过，如今，这么多年过去了，这种民俗一直难觅踪影，没想到今天却在这里见到了。这时，孩子们一个个捧着糖人散去了。老汉抬起头眯着眼睛看了看李林说：“年轻人，来试一试！”

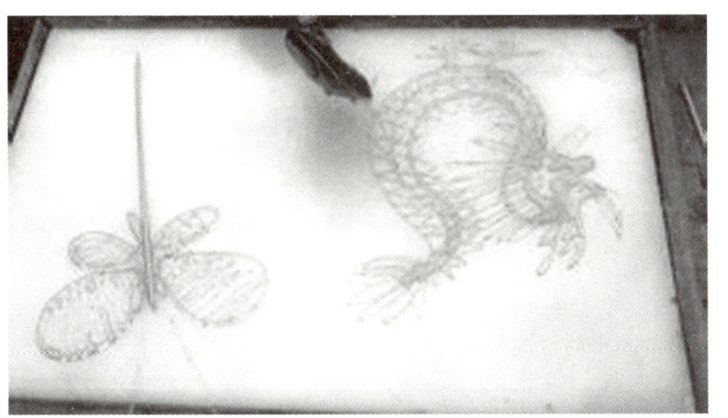

李林看了老汉一眼，又看了看那副挑担，走过去转了一下画着各种糖人的横杆——不一会儿，横杆在画着一条龙的“糖人”前停了下来。于是，老汉马上操起工具很快画出一只“龙”，递给李林……

夜晚，当武汉三镇华灯绽放、火树银花时，李林和王锐又一起走在了户部巷风情街上。原来，王锐今天刚刚从北京赶到武汉。还在火车上时，他就给李林打电话，约他今晚到这里来观灯。

元宵节的户部巷风情街处处流光溢彩，灯火辉煌。不断闪烁的霓虹灯让街道两边的建筑舞动了起来——有时像行云流水，有时又像雷声阵阵，让人心旷神怡，陶醉不已。

两人漫步在人流如织的风情街上，远处此起彼伏的焰火，将他们的脸庞一阵又一阵地照亮。李林望着流动的风情街，无限感慨地说：“啊，美丽的户部巷，我终于可以和你朝夕相处了！”

“你又调回武汉了吗？”同行的王锐惊讶地问。

“不是调回，是辞职。我决定自己创业，在户部巷里成就一番事业！”

“嗯，有胆识，有气魄！”王锐扶了扶鼻梁上的眼镜，继续说：“别看这里是一条不起眼的小巷，可它却造就了许多的大富豪。像以一碗糊汤粉起家的徐嫂，养过猪的唐金枝，在酒店打过工的王永中，如今个个都是身价百万、千万的大富豪呢！”

“是啊，应该说这条小巷充满了机遇和挑战，要不怎么连赫赫有名的大中华酒楼也要落户这里呢？”

……

第五章

小巷触摸“大中华”

2012 年 2 月初，武汉还处在冬日的严寒中。早晨的太阳仿佛一面散着冷光的铜镜，虽将光芒带给了人间，却并不能让人感到一丝温暖。街道上的行人们依然穿着厚厚的冬衣，捂着长长的围巾，整座城市似乎看不到一丝春天的影子。

这时候，在户部巷的南门入口处，却又是一番景象：原民主路小学前，一座飞檐翘角的新酒楼前锣鼓喧天，喜气洋洋——“武汉老字号，户部巷‘大中华酒楼’开业仪式”正在这里举行。

上午 9 点，前来祝贺的社会各界代表们纷纷踏进户部巷南大门。一眼见到古色古香的大中华酒楼，代表们七嘴八舌地议论开了：“大中华酒楼落户户部巷，标志着这条小巷又向上提升了一个档次啊！”

“是啊，大中华是武汉的老字号，而户部巷也是武汉的新名片，老字号和新名片好比凤与凰，只有两者合一，才更完美。”

“我觉得关键是‘大中华’这个名字起得好，非常雄浑、有气魄，

象征着崛起、腾飞。”

“对，但愿今后的户部巷也能像这个名字一样崛起、腾飞。”

代表们在说笑声中——走进大中华酒楼……

大中华酒楼有着悠久的

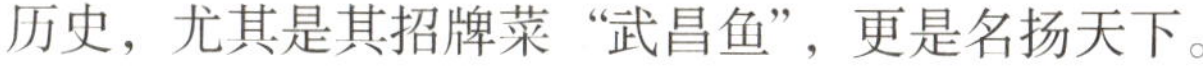

历史，尤其是其招牌菜“武昌鱼”，更是名扬天下。

北宋王安石描绘湖北鄂州风物的怀旧诗《寄鄂州张使君》中“昔人宁饮建业水，共道不食武昌鱼”，说的是东吴最后一个皇帝孙皓要再次迁都武昌，但吴国的大官僚地主不愿远离他乡，因此一致反对。这个故事说明了早在 1700 多年前的三国时期，不仅武昌鱼始有其名，而且其珍馐美味也早已被人们赞赏。

以此事入典的诗词历代多有，如南北朝时期的诗人庾信所作《奉和永丰殿下言志十首》：“还思建业水，终忆武昌鱼。”唐代诗人岑参《送费子归武昌》：“秋来倍忆武昌鱼，梦著只在巴陵道。”宋代诗人范成大《鄂州南楼》：“却笑鲈乡垂钓手，武昌鱼好便淹留。”20 世纪 50 年代，一代伟人毛泽东也借用此典故，在《水调歌头·游泳》写下了：

"才饮长沙水，又食武昌鱼。"更使武昌鱼名扬天下。

三国以来，不少历史文献均以为武昌鱼是泛指武昌出产的鱼。但近几十年来经过科学鉴定，确认梁子湖中的团头鲂才是名副其实的武昌鱼。清代光绪《武昌县志》记载："鳊鱼产樊口者甲天下，是处水势回旋，深潭无底。渔人置罾捕得之，止此一罾味肥美，余亦较胜别地。"

关于"清蒸武昌鱼"，有这样一段故事。

相传，三国时，武昌樊口是吴国造船的地方。有一天，为了庆贺大船下水，孙权命人摆设酒宴，厨师将鳊鱼清蒸后，端上桌来，孙权尝过后，极感兴趣，便连要了三盘，慢慢享用。

孙权一边吃着清蒸武昌鱼，一边问："这鱼出自何处？"旁边一位大臣答道："这是一位老渔翁为谢大王恩德送来的，不知出在哪里。"孙权听了非常高兴，马上命人将这位老渔翁找来。

老渔翁走进宴会厅，行完大礼后，诚恳地说："这种鱼叫鳊鱼，出在百里外的梁子湖。每当涨水季节，它游经 90 里长港，绕过 99 道湾，穿过 99 层网来到长港的出水口。这出水口名叫樊口，这里一边是港水清清，一边是江水浑黄，鳊鱼喝一口浑水吐一口清水，喝一口清水吐一口浑水，经过七天七夜，原来的黑鳞便变成银白色，原来的黑草肠换成肥满满的白油肠，所以吃起来格外味美。"

望了一眼餐桌上的清蒸鳊鱼，老渔翁又说："这种鱼的刺丢进水中，可以冒出三个油花。"孙权不信，便亲自一试，果然鱼刺在水中翻出三个油花来。孙权一看，十分感兴趣，便亲自起身，端起一碗酒赏给老渔翁。老渔翁双手接过酒又说："用这种鱼刺冲汤还可以解酒，即使喝多了也不会醉。"孙权半信半疑，上前一把抓住老翁的手说："如果真能解酒，我愿领罚三大碗。"说罢，立即命人用开水将鱼刺冲成汤。

鱼刺汤冲好后，孙权喝了一口，顿感神志清醒。大臣们喝后，也个个拍手称赞。随之，孙权兴起，端起酒碗，面对众臣道："想不到我东吴有这样好的武昌鱼。"

至今，凡到武昌者，莫不以吃到清蒸武昌鱼为快，清蒸武昌鱼遂成为"楚天第一菜"。

武昌鱼的制作与大中华酒楼有密切的关系，可又有多少人知道这个命运多舛的老字号在本世纪初曾经数度闭门停业，让人为之惋惜呢?

大中华酒楼的历史，完全可以追溯到民国时期。20 世纪 30 年代初，“芝麻岭五香斋面馆” 在武昌芝麻岭（今武昌邮局对面）开业，这座面馆由章在寿与程明开等人联合创办，以经营红烧鱼面为主。两年后，面馆迁至柏子巷口（今彭刘杨路）并更名为 “大中华” 酒楼。该酒楼为一底一楼，底层售卖经济客饭，二楼经营名菜，以鱼为主，如清蒸鳊鱼、网油松鼠鳜鱼、糖醋鳜鱼、五彩鳜鱼、牡丹鳜鱼、银丝鳜鱼等。

20 世纪 30 年代初，武昌的餐饮业比较繁荣，行业竞争也日趋激烈。当时，除了正在蓬勃发展的汉宾酒楼和味腴餐馆外，在大中华酒楼附近还新开了汤四美汤包馆和蜀珍川菜馆两家饮食店。这些餐饮企业都对大中华酒楼构成了直接的挑战。面对强劲的对手，“大中华” 采取了果断措施：一是扩建三楼，重新装修门面，增加酒店档次，以满足顾客需求；二是在经营上严把质量关，保证原料新鲜，做到原汁原味、口感鲜美。正是有了这些改进，大中华酒楼的生意才一天比一天兴隆。

抗日战争期间，大中华酒楼关门停业。新中国成立后，因国家对工商业的扶持，大中华酒楼又得以复苏。

1956 年，毛泽东在 “大中华” 酒楼品尝过武昌鱼，后发表了《水调歌头 · 游泳》其中有 “才饮长沙水，又食武昌鱼” 的名句。正是这句名句，让默默无闻的大中华酒楼在一夜之间名扬天下。后来，为满足国内外慕名而来的食客的需要，时任武汉市财贸办公室主任王健，指定大中华酒楼独家挂牌供应武昌鱼。

1966 年，大中华酒楼更名为 “新中华酒楼”，两年后，再改名 “武昌饮食部”。到了 1971 年，大中华酒楼又在原址上新建了一幢四层楼

的大楼。这座大楼总面积 1600 平方米，比原楼扩大了四倍。这期间，“大中华”开始倾心于“武昌鱼”的烹饪制作和研究开发，在清蒸、油焖、网衣、滑溜的基础上，逐步发展到数十个品种，如花酿、杨梅、干烧荷包、梅花、菊花、蝴蝶武昌鱼等。

1985 年，“大中华”再次扩建，并恢复老牌名。当时的“大中华”全店有国家特级、一级厨师二十余人，是湖北地区唯一的一家国家二级餐饮企业。不久，该店又荣获“中华老字号”称号。

不过，时间进入到 20 世纪 90 年代，武汉餐饮业界几乎家家都能推出“武昌鱼”这道菜，大中华从此失去了垄断地位，再加上一些体制上的因素，这家老字号便在激烈的市场竞争中渐渐丧失优势，2000 年初，“大中华”第一次关门停业。同年 10 月“大中华”再次开业，卖起了民间瓦缸煨汤，但生意仍然没有起色，便于次年再次停业。2005 年，这里又改成小尾羊火锅店，但只经营了一年后又以关门告终。自此，风靡了七十多年的大中华便正式退出了历史舞台。

直到 2009 年，天龙投资公司斥资 1800 万元买下了大中华酒楼的经营权。2010 年，全新的大中华酒楼在雄楚大街金地中心城重新开业。新的大中华酒楼仍将以“武昌鱼菜”作为酒店的特色和风味，并在传承原大中华酒楼经典菜肴的基础上，将湖北各地精品菜式进行筛选组合，形成自己独特的风味。

2012年初，大中华酒楼户部巷店开业。位于户部巷69号的大中华酒楼，楼体打造成古色古香的格调，三层飞檐，陡而复翘，仿佛一对对羽翼，展翅腾飞在广袤的天地间。

大中华酒楼户部巷店以“清蒸武昌鱼”为酒店招牌菜。在做这道菜时，他们一般选用两斤左右的武昌鱼，然后，辅以火腿、冬菇、冬笋和鸡汤等，用武火清蒸。出锅时，再在鱼上缀以红、黄、绿各色菜丝，给人一种强烈的视觉冲击力。夹起一片鱼肉来放入口中，只感觉清淡鲜香，肥而不腻。

大中华酒楼户部巷店开业后的第二天，李林和王锐又一次来到了户部巷。他们是来做考察的，看看什么样的小吃项目更适合李林。来到南门口，看着金碧辉煌、高贵典雅的大中华酒楼，李林兴奋地说：“又飞来了一只金凤凰，户部巷的巢越筑越大了！”

“是啊，未来的户部巷将进行第六次打造，范围也会扩大到江边。不仅如此，未来的户部巷还会将自己的小吃产品统一品牌、统一包装，并形成规模化、公司化；未来的户部巷还将会让更多的小吃产品和餐饮企业在这里聚积，形成别人无法抄袭、无法复制的独特风味。”王锐微笑着看了李林一眼，继续说：“户部巷也向你敞开了宽广的怀抱啊！”

“可直到今天，我还不知道该做什么小吃项目啊！”

“慢慢来吧，我对你有信心！”

……

早晨的太阳已经升过了户部巷明清风格的楼顶，金色的阳光将两个人的身影拉得好长好长……他们慢慢向江边走去。三月的长江两岸花红柳绿，万象更新。不知疲倦的江水日夜不停地奔腾着、流淌着，仿佛在讲述着江城武汉一个又一个美丽而又动人的故事。

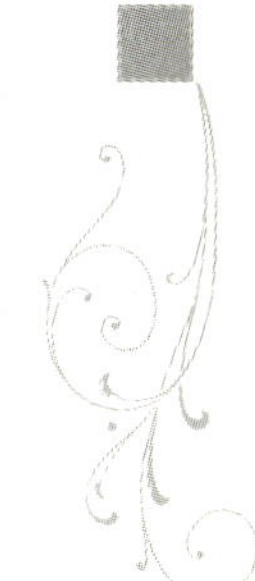

后记

HOUJI

第一眼见到经过数番打造后的户部巷，便被这里浓浓的汉味风情感染，被这里众多的特色小吃所诱惑，一下子便喜欢上了这条小巷。而在10年前，这里还只是一条长147米、宽3米的幽深古巷，不仅狭窄，而且脏、乱、差。2003年，经过武昌区委、区政府的多次打造，这里已经形成了由户部巷老巷、自由路、民主路西段和都府堤南段组成的，集小吃、购物、休闲、娱乐为一体的年接待游客1000万人次的汉味特色风情街区。

应该说，这条小巷从最初的明清官巷变成如今的汉味小吃第一巷，经历了许许多多的挫折和磨难，走过了极不平凡的发展历程。作为一名文字工作者，用自己手中的笔去记录这条小巷的前世、今生和未来，让广大读者更多地了解它的历史和文化，是我义不容辞的责任。

然而遗憾的是，由于户部巷保留的历史资料不够完整，书中的极少部分内容便根据民间传说进行了加工和整理，如有不妥之处，还望广大读者批评、指正。

当《武汉有个户部巷》正式出版时，我要感谢武昌区委、区政府和中华路街道办事处及户部巷管委会，他们对本书的采访和写作给予了很多的支持和帮助。同时，还要特别感谢武汉出版集团公司常务副总毛家明的大力支持，感谢责任编辑李俊老师的精心策划、倾力指导及对书稿认真细致的润色加工、查疑补缺，使书稿得以进一步完善，感谢武昌区党史办的徐义宁、户部巷管委会的桂新、原武汉楚天寒青影视文化艺术有限公司的吴强及杨真春，感谢他们对本书的采访和写作给予的支持与帮助。最后，还要特别感谢棉花糖摄影——汪奕（英文名 Vivian）提供的图片支持及湖北尊而光律师事务所的宋飞帅律师和陈冲律师提供的法律援助。

此外，由于种种原因，书中还有少量图片未能及时联系上原作者，希望见书后及时与我们联系！

作　者

2015 年 1 月 1 日